저자는 청년들과 함께 호흡하면서 그들의 연애와 결혼 준비 과정에서 따뜻하고 자상한 멘토 역할을 해온 사역자다. 이런 오랜 경험에서 나온 실제적인 지식이 이 책에 묻어 있다. 결혼에 대한 성경의 가르침, 남녀간의 실질적인 문제인 갈등, 돈, 성의 문제, 그리고 함께 나누고 생각해 볼 수 있는 다양한 질문 등 결혼을 준비하는 데 꼭 필요한 것이 간결하고도 알차게 담겨 있다.

결혼을 통한 가정의 형성은 하나님과 신자의 언약 관계를 보여 주는 중요한 모형이기에 이 책에서 다루는 주제는 기혼자나 아직 결혼에 관심이 없는 사람이 읽어 볼 만한 내용이다. 결혼과 가정에 대한 가치관이 무너지는 혼란한 시대 속에서 결혼의 기독교적 가치와 실질적인 방법이 균형 있게 담긴 이 책을 기쁘게 추천한다.

이찬수 분당우리교회 담임목사

청년들에게 이성 교제와 결혼에 관해 이야기할 기회가 많았다. 교회를 담임한 후에도 결혼과 관련해 만나야 할 커플이 끊이지 않았다. 그때마다 이렇게 권면했다. "결혼식이 아니라 결혼을 준비해야 한다." 하지만 '결혼을 준비한다'는 것이 무엇인지를 나누기에는 늘 시간이 부족했다. 이런저런 자료를 가지고 '결혼예비학교'를 진행해 보았지만, 이론과 실제 둘 다를 위한 과정과 시간을 내기 어려워하는 커플의 현실까지 고려하는 과정을 만드는 데 어려움이 있었다. 이 책은 그런 오랜 고민에 '답이 되는 책'이다.

결혼에 대한 책은 넘쳐난다. 하지만 우리 현실에 맞는 책이나 결혼을 준비하는 커플이 함께 읽고 대화하며 기도하면서 구체적으로 준비할 수 있는 책은 찾기 어려웠다. 청년들을 사랑하는 저자가 그들의 사랑이 더 온전한 결실로 나타나기를 바라는 마음으로 쓴 책이다. '결혼예비학교'를 고민하는 교역자나 결혼을 앞두고 자체적이라도 성경의 지도 아래 준비하기 원하는 커플의 손에 꼭 들려지면 좋겠다.

조영민 나눔교회 담임목사

내가 섬기는 교회는 결혼 적령기에 달한 청년이 절반을 차지한다. 따라서 나는 주례뿐 아니라 많은 커플의 결혼을 지도하는 무거운 일을 늘 해야 했다. 자연스레 그리스도인의 결혼을 다룬 많은 글을 읽었다. 존 파이퍼나 팀 켈러, 폴 스티븐스 같은 탁월한 기독교 저자의 글을 읽었다. 하지만 한국 젊은이의 상황을 반영하지 못했고, 탁월한 이론적 배경에 비해 실천적으로는 빈약한 감이 있었다. 이 책은 내가 읽은 결혼에 관한 모든 책 중 가장 실천적이다. 다루는 주제들은 결혼을 준비하는 사람이 꼭 알아야 하는 것이며, 주제를 배열하는 순서 및 방식 역시 그렇다. 게다가 결혼 예배를 준비하는 방식, 주보 및 주례설교 샘플, 서약서 샘플, 심지어 신혼여행에서 할 수 있는 QT샘플까지! 이 모든 실용적인 지혜는 든든하고 정통적인 신학에 기대고 있다. 결혼을 준비하는 커플뿐 아니라 지도해야 하는 목회자에게 아주 유용한 자료다.

이정규 시광교회 담임목사

저자는 이 책에서 결혼을 앞둔 청년들과 오랫동안 사역하면서 몸소 겪었던 경험을 자연스럽고도 현실적으로 풀어 낸다. 청년들의 다양한 상황을 경청하고, 청년들의 고민을 깊이 공감한다. 이 책의 특징은 우선 솔직하다는 것입니다. 청년들의 현실을 솔직하게 직면하며 현장에서 대화하듯 풀어 간다. 결혼은 하나님이 제정하신 영적이고 초월적인 제도다. 저자는 결혼의 시작과 모든 과정과 의미를 성경에서 찾는다. 그리스도인 독자들이 익숙한 말씀 안에서 자신의 결혼에 관해 학습하며 결혼을 준비하도록 친절하게 안내한다. 아울러 이 책의 가장 큰 장점은 부부의 갈등과 신앙의 문제를 지혜롭게 조화시킨다는 것이다. 결혼에 대한 많은 서적과 실제 사례를 토대로, 저자는 다양한 이야기를 담아 냄과 동시에, 현실에서 결혼을 앞둔 두 남녀가 신앙 안에서 어떻게 준비할지 알려 주는 참 좋은 안내서다. 많은 그리스도인 청년은 물론이고 이미 결혼한 부부에게도 유익하리라 생각하여 이 책을 적극 추천한다.

하재성 고려신학대학원 상담학 교수

저자는 오랫동안 청년 사역 현장에 몸담으며 이 시대를 살아가는 많은 청년과 함께 호흡하며 그들을 말씀으로 양육했다. 본서는 신앙의 선배로서, 목사로서 청년들의 가장 큰 고민 중의 하나인 결혼을 어떻게 준비할 것인가에 대한 신학적, 목회적 숙고를 담고 있다. 목회적 자상함이 물씬 묻어져 나오는 글을 읽다 보면 하나님이 세우신 결혼이 얼마나 소중한지, 그리고 어떻게 결혼을 준비하며 결혼생활을 유지해 나갈 수 있을지에 대한 귀한 통찰을 얻을 수 있다. 결혼을 준비하는 기독 청년과 이들을 지도하는 청년 사역자에게 일독을 권한다.

문화랑 고려신학대학원 예배학 교수

나랑 결혼해 줄래?

나랑 결혼해 줄래?

초판 1쇄 발행 • 2021년 4월 30일
초판 2쇄 발행 • 2022년 10월 30일

엮은이 • 김상호
펴낸이 • 신은철
펴낸곳 • 좋은씨앗
출판등록 • 제4-385호(1999. 12. 21)
주소 • 서울시 서초구 바우뫼로 156, MJ 빌딩 402호
주문전화 • TEL 2057-3041 FAX 2057-3042
페이스북 • www.facebook/goodseedbook

ⓒ 김상호, 2021
ISBN 978-89-5874-355-2 03230

신저작권법에 따라 보호받는 저작물이므로 무단 전재와 복제를 금합니다.

행복한 결혼과 가정을 위한 성경적이고 실제적인 안내서

나랑 결혼해 줄래?

김상호

좋은씨앗

이러므로 남자가 부모를 떠나
그의 아내와 합하여 둘이 한 몸을 이룰지로다.
아담과 그의 아내 두 사람이 벌거벗었으나
부끄러워하지 아니하니라.

창세기 2:24-25

• 차례 •

저자 서문 • 11

1. 이 사람과 결혼해도 될까요? • 15
지금부터 가정에 대한 꿈을 꾸고 기도하세요

상대방의 사계절을 확인하세요

시간을 가지다가 헤어질까 봐 두려워요

힘들지만 서두르지 마세요

결혼예비학교 1주차: 나눔을 위한 질문

2. 그리스도인의 결혼, 무엇이 다를까요? • 39
결혼식 준비 vs. 결혼 준비

결혼의 세 가지 요소

그리스도인의 결혼이 특별한 세 가지 이유

결혼예비학교 2주차: 나눔을 위한 질문

3. 갈등, 어떻게 해결해야 할까요? • 65
관계가 갈등을 일으킨다

갈등을 회피하다

갈등에 화를 내다

갈등 다루기: 잘 싸우는 법

결혼예비학교 3주차: 나눔을 위한 질문

4. 비자금, 가져도 될까요? • 105
돈, 어떻게 생각하세요?

돈의 위력

돈에 대한 위험 신호

돈을 주도하다

결혼예비학교 4주차: 나눔을 위한 질문

5. 성관계, 야한 건가요? • 131
성경이 말하는 성 이야기

성관계의 세 가지 요소

성관계가 필요하다

즐거운 성관계: Making Love

결혼예비학교 5주차: 나눔을 위한 질문

부록 결혼 예배 준비하기 • 175
결혼 예배 전 준비 / 결혼 예배 순서

아름다운 동행 샘플 / 결혼 순서지 샘플 / 서약서 샘플

결혼 주례 설교 샘플 / 신혼여행에서 나눌 큐티 샘플

주 • 201

* 저자 서문

지금도 선명합니다. 첫 결혼 예배를 주례할 때 말입니다. 결혼 예배를 어떻게 인도하고 주례사는 어떻게 할지 근심하는 것이 표가 났을까요? 당시 담임목사님이 저를 불러 결혼 예배를 처음 인도하는 심정을 묻고는 이렇게 말씀하셨습니다. "네가 목사라는 것을 잊지 말아라. 목사로서 예배를 인도하고, 준비 과정을 잘 도와주어라." 너무 명쾌했습니다. 제 고민에 대한 답일 뿐 아니라, 결혼 예배에 대한 태도와 생각까지 정리되었습니다. 그날 이후로 저와 같은 고민을 하는 동료에게 이 말로 격려한 적이 있습니다. 결혼을 돕는 사람의 방향성과 길은 찾았는데, 청년들과 예비부부에게 좀 더 구체적인 도움을 주고 싶었습니다.

사실, 신랑이나 신부보다는 그들 부모님의 요청으로 결혼 예배를 인도하는 경우가 많습니다. 일면식도 없는 예비부부와 결혼식 전에 예의상 한 번 정도 만나서 식순에 대해 잠시 이야기하고 결혼 예배를 진행했습니다. 그럴 때마다 가정의 소중함을 알면서도 현실에서는 결혼 예배를 해치워 버린다는 생각을 지울 수 없었습니다. 예식장에서는 빠듯한 식순에 따라 30분 내에 마쳐야 합니다. 그리고 대부분 예비부부는 결혼 자체보다는 그날의 결혼식에 더 집중합니다.

그래서 저는 결단하고 원칙을 정했습니다. 예비부부를 세 번이나 네 번 만나서 일명 결혼예비학교를 했습니다. 그들이 그룹으로 하는 결혼예비학교에 개별적으로 참여한다고 해도 반드시 저와 함께하는 시간을 갖기로 원칙을 정했습니다. 더 친밀하고 세밀하게 두 사람에 대해 이야기하고, 결혼식보다는 결혼에 집중하여 어제보다 오늘이, 오늘보다는 내일이 아름다운 가정으로 세워 나갈 수 있는 길을 함께 모색하고 성경적으로 지도하기 위해서입니다.

10년 넘게 예비부부들과 함께 울고 함께 기대하며 함께 기도하면서 결혼 예배를 기획하고, 결혼식 이후에도 만남을 지속하면서 지내온 시간과 내용을 이 책에 담았습니다. 이 책을 펴내기까지 한참을 고심했습니다. 결혼에 대한 책이 너무 많기 때문입니다. 저의 얕은 지식과 경험을 굳이 보탤 필요가 있을까 하는 생각에 머뭇거렸습니다. 그러던 어느 날 결혼을 준비하는 청년과 젊은 부부를 도울 수 있는 방법에 대해 동료 목회자와 함께 이야기를 나누면서 마음속에 있던

작은 열망이 꽃을 피웠습니다. 미흡하지만 조금이라도 도움이 되고 싶다는 마음으로 이 책을 쓰게 되었습니다.

이 땅의 청년들과 가정을 아름답게 세우기 원하는 부부들, 그리고 청년들을 섬기는 목회자들에게 이 책을 선물하고 싶습니다. 선물을 준비하는 저의 즐거움이 선물을 받는 이들에게 기쁨과 소망으로 삶에 드러나기를 기대합니다.

당신은 하나님의 사람입니다.

김상호 목사

I.

이 사람과
결혼해도 될까요?

*

2018년 12월 19일, 결혼정보회사 듀오가 운영하는 듀오휴먼라이프연구소는 미혼남녀의 결혼 인식을 조사하고 연구한 '2018년 이상적 배우자상(像)'을 발표했습니다.[1]

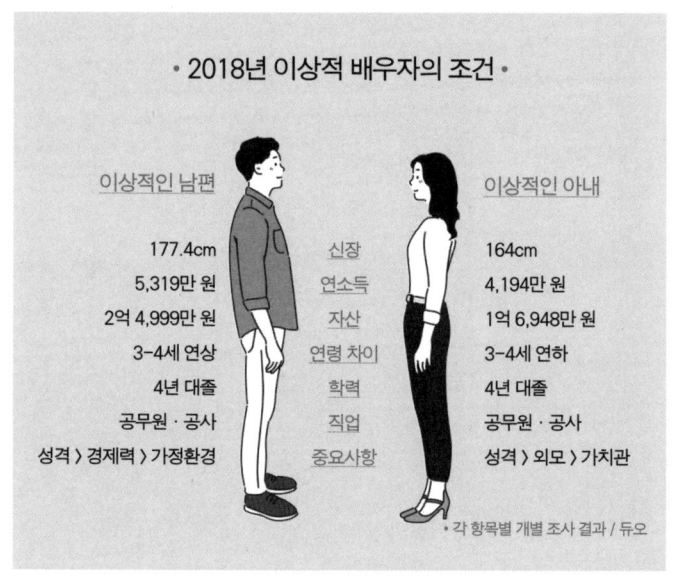

나랑 결혼해 줄래?

미혼남녀가 가장 우선으로 고려하는 배우자 선택 기준은 '성격'(34.8%)입니다. '외모'(11.7%), '경제력'(11.6%)도 주요 요소로 꼽혔고, '가정환경'(8.9%)은 전년 6위에서 4위로 상승했습니다. 성별로 살펴보면 남성은 '성격'(34.9%)에 이어 '외모'(16.6%)와 '가치관'(8.2%)을 중요하게 여겼고, 여성은 '성격'(34.7%) 외에도 '경제력'(16%), '가정환경'(10.4%)을 고려한다고 답했습니다.

배우자를 선택하는 기준은 그리스도인도 크게 다르지 않습니다. 청년들이 가장 많이 하는 질문은 "어떤 사람과 결혼해야 하나요?"입니다. 저는 "잘 싸우는 사람과 결혼해라"고 웃으며 대답합니다.

수연(가명)은 기독교 신앙을 당연하게 여기는 모태 신앙으로 30대 초반의 자매입니다. 최근 현수(가명)와 연애를 하면서 생긴 질문 보따리를 가지고 저를 찾아와 이렇게 물었습니다. "이 사람과 결혼해도 될까요?" 왜 그런 생각이 드는지 되묻자 수연은 상대방에 대한 확신이 없다고 말합니다. 지금 만나는 이 사람이 너무 좋은데, 어쩌면 더 좋은 사람을 만날지도 모른다는 희미한 기대감이 있기도 하고, 잘못된 선택에 대한 불안감도 있다고 말합니다.

전문직 여성인 수연은 교회에서 청년부 리더로 섬기면서 상담과 돌봄 등 여러 사역을 했습니다. 연애와 결혼에 대해 다른 사람들에게 조언은 잘하지만 정작 자신의 문제로 다가오자 기준이 모호하고 혼란스럽습니다.

연애와 결혼을 책이나 미디어로 배워서 그럴지도 모릅니다. 구체적으로 생각하지 않고 막연하게 '나는 잘할 거야. 언젠가 로맨틱하고 이상적이며 완벽한 배우자를 만나 결혼할 거야'라는 확신과 이미지를 가지고 있는데, 예기치 못한 상황이 생기자 혼란스러운 것입니다.

저는 수연에게 "왜 현수가 좋아?"라고 물었습니다. 그러자 수연은 미소를 지으며 "잘생겼잖아요"라고 대답합니다. 하지만 금세 "외모가 연애와 결혼의 조건은 되지 않는 거죠?"라고 말하며 외모를 중시하는 자기 모습이 잘못된 것임을 안다고 변명합니다. 그래서 제가 "잘생겨서 싫어?"라고 묻자, "너무 좋아요"라고 대답합니다.

그리스도인도 상대방의 분위기와 매너, 외모와 조건 등을 보고 호감을 갖는 것은 당연합니다. 호감으로 연애를 시작하는 것이 잘못은 아닙니다. 아담과 하와의 첫 만남을 떠올려 볼까요.

> 아담이 이르되 이는 내 뼈 중의 뼈요. 살 중의 살이라. 이것을 남자에게서 취하였은즉 여자라 부르리라 하니라(창 2:23).

성경은 하나님이 아담의 갈빗대로 여자를 만드시고 그 여자를 아담에게 이끌어 오셨다고 기록합니다(창 2:22). 여자를 처음 본 아담은 지금까지 한 번도 경험하지 못한 낯설면서도 싫지 않은 감정을 드러냅니다. "내 뼈 중의 뼈요. 살 중의 살이라." 이 말을 하는 아담의 표정이 그려지나요? 아마도 상기된 얼굴로 흥분하면서 고백했을 것입니다. 저는 프로포즈할 때 이 말씀을 사용하려고 암기까지 했습니다.

그리스도인들은 연애를 시작할 때부터 비전이 맞아야 한다고 말합니다. 그러나 실제로는 외모와 스타일에 끌립니다. 상대방의 분위기에 호감을 갖습니다. 흔히 우리는 호감(Feel)이 있어야 한다고 말하지요. 일명 '꽂혀야 합니다.' 호감으로 만남을 시작하는 것은 전혀 이상하지 않습니다.

제가 아는 한 청년은 선교단체에서 훈련을 받고, 기도를 열심히 하며, 예배와 봉사에도 적극적입니다. 하루는 저를 찾아와서 이렇게 말했습니다. "목사님, 제가 OOO 형제를 만나기로 했어요." 저는 축하한다고 말하면서 어디가 그렇게 좋냐고 물었습니다. 그러자 "하나님께서 이 사람이라고 말씀하셨어요"라고 대답합니다. 저는 무슨 근거로 그렇게 확신하는지 물었습니다. 그러자 이렇게 대답합니다. "계속 생각나게 하세요."

이것에 대해 어떻게 생각하나요? 신앙생활을 열심히 하

는 청년들 가운데 이런 사람들이 있곤 합니다. 이렇게 생각해 보면 어떨까요? 꼭 사고 싶은 노트북이 있는데 다른 브랜드보다 비싸서 고민이 됩니다. 아무 고민하지 않고 살 수 있으면 좋으련만 경제 사정을 고려해야 하는 입장입니다.

사고 싶은데 당장 못 사니까 병이 난 것이지요. 눈을 감아도 노트북이 보이고, 아침에 사과를 먹어도 노트북을 갖고 싶고, 노트북 매장에 굳이 들어가서 한번 만져 보고, 그 노트북을 사용하는 사람에게 무엇이 좋은지 계속 물어보고, 노트북이 머릿속에서 떠나지 않는 것이지요. 이와 비슷한 경험을 한 적이 있나요? 그렇다면 이것도 하나님의 뜻인가요? 하나님이 그 노트북을 사도록 허락하셔서 계속 생각나게 하신 것일까요?

상대방에 대한 느낌과 호감을 하나님의 뜻이라고 말하지 말고, 자신에게 물어보아야 합니다. 어떤 사람과 결혼하고 싶은지 묘사해 보세요. 예를 들면, 본능적으로 끌리는 사람, 센스 있는 사람, 느낌이 있는 사람, 같이 있으면 시간이 어떻게 가는지 모르는 사람, 사소한 일로 웃게 해주는 사람, 매일 예쁘다고 말해 주는 사람, 모든 것을 수용해 주는 사람, 경제적 여건이 맞는 사람, 성적 호감이 있는 사람, 자녀 계획이 맞는 사람 등이 있을 것입니다.

교제를 시작할 때 잠시 시간을 내어 자신이 좋아하고 기대하는 호감 목록을 작성해 보세요. 목록을 작성하고 나면, 자신이 사랑하고 함께 살고 싶은 사람이 누구인지 좀 더 분명해질 것입니다. 목록을 작성하기 어렵다면, 아직 결혼할 때가 아니라고 생각해도 좋을 듯합니다.

  이 땅을 살아가는 우리는 배우고 준비하는 일이 일상입니다. 취업을 하려고 많은 준비를 합니다. 전자제품을 하나 사더라도 매뉴얼을 보면서 공부합니다. 그런데 정작 결혼은 준비하거나 공부하지 않는 것 같습니다. 결혼도 취업 준비를 하듯이 공부하고 노력해야 하는데, 그저 때가 되면 시간이 해결해 주리라고 여깁니다. 결코 그렇지 않습니다. 결혼을 준비해야 좀 더 건강한 가정을 이룰 수 있습니다.

  결혼을 영적, 정서적, 육체적으로 준비하려면 이에 관해 성경의 관점으로 쓴 좋은 책들을 읽어야 합니다. 우리 인생에서 참으로 중요한 결혼을 어떻게 준비해야 할지 차근차근 살펴보려고 합니다. 먼저 배우자를 선택할 때 반드시 점검해야 할 몇 가지를 다루겠습니다.

*
지금부터 가정에 대한
꿈을 꾸고 기도하세요

가정에 대한 기도제목을 나누자고 하면, 추상적으로 말하는 사람이 많습니다. 어떤 가정을 이루고 싶은가요? 앞으로 함께하고 싶은 사람과 어떻게 살고 싶은가요? 사실, 가정에 대한 기도제목은 앞서 말한 '내가 함께 살고 싶은 사람'에 대한 목록과는 다르게 버킷 리스트처럼 작성하는 것이 좋습니다.

    결혼하기 전에 이것을 작성한다면 "이 사람과 결혼해도 될까요?"라는 질문에 좋은 리트머스 검사지가 될 것입니다. 결혼 날짜를 잡은 커플이라면, 온 신경과 세포가 결혼식(결혼예배)에 집중될 것입니다. 하지만 앞으로 함께 가정을 이룰 두 사람에게 가장 중요하고 온 에너지를 쏟아야 하는 결혼 준비는 가정에 대한 기도제목을 작성하는 것입니다.

가정에 대한 기도제목을 작성할 때, 정말 이것만큼은 포기할 수 없는 기도제목이 있을 것입니다. 그것을 먼저 서로 나누어 보세요. 데이트를 하면서 이것을 나누다 보면, 상대방의 가치관과 생각을 알 수 있습니다. 물론 책과 미디어에서 보고 들은 것을 마치 자기 생각인 양 나누는 사람도 있을 것입니다. 그러나 서로가 결코 포기할 수 없는 기도제목을 나누다 보면 상대방을 이해하게 되고, 함께 가정을 꿈꾸는 시간을 가질 수 있습니다.

가정에 대한 기도제목을 나누는 시간은 결혼식 30분을 준비하는 투자보다 더 힘을 쏟아야 하는 시간입니다. 결혼식 30분을 위한 준비가 아니라 가정생활 30년 이상을 준비하는 시간이기 때문입니다. 두 사람이 함께 대화하면서 최소 다섯 가지 기도제목을 만들어 보세요. 함께 이룰 가정의 핵심 가치와 평생 기도제목 다섯 가지를 작성해 보세요. 중요한 것은, 앞으로 이룰 가정을 꿈꾸면서 다섯 가지 기도제목으로 항상 기도하는 것입니다. 그러면 결혼 준비가 이전과는 다름을 경험할 것입니다.

데이트를 하면서 상대방을 알아 가는 중이라면, 자신이 꿈꾸는 가정에 대한 기도제목을 미리 말하지 않는 편이 좋습니다. 그 사람과 만남을 계속 이어 가야 할지, 그 사람과 결혼할 수 있을지에 대한 리트머스 검사지이기 때문입니다.

제가 아는 한 청년은 데이트를 하면서 자신이 꿈꾸는 가정에 대해 나누었고, 상대방도 함께 꿈꾸는 줄 알았습니다. 그래서 하나님이 맺어 주신 짝으로 확신하고 결혼했습니다. 그런데 상대방은 가정에 대한 꿈이 없고 단지 마음을 얻기 위해 동의했다는 사실을 알고 실망하며 그에게 속았다고 분을 참지 못하면서 저와 상담한 적이 있습니다.

대체로 많은 커플이 서로 되고 싶은 모습만 나누면서 이 사람은 나를 향한 하나님의 계획이라는 착각과 오해를 반복합니다. 시간이 흐르고 나서 뒤늦게 후회하는 경우가 많습니다. 서로를 알아 가는 시기에는 지혜가 필요합니다.

그러면 자신이 원하는 가정의 모습을 말하지 않고도 어떻게 그 사람과 결혼해도 괜찮은지 알 수 있을까요? 먼저, 자신이 꿈꾸는 가정의 모습을 네다섯 가지 작성해 보세요. 예를 들면, 다음과 같습니다.

1. 함께 예배드리는 가정
2. 정서적으로 독립한 가정
3. 일주일에 한 번은 절대시간[2]을 가지는 가정
4. 소통하기를 힘쓰는 가정
5. 경제적으로 투명한 가정

이런 가정을 꿈꾸는 사람을 만나 결혼하면 얼마나 좋을까요? 데이트를 하면서 이야기를 나누다 보면 상대방이 가정에 대해 어떤 꿈을 꾸는지 알 수 있습니다. 그러나 곧 현실에 부딪힐 것입니다. 어떤 사람은 한두 가지, 두세 가지, 네 가지 순으로 딱 들어맞는 사람이 있을 것입니다. 다섯 가지 중에서 네 가지가 맞으면 상당한 것이지요.

하지만 네 가지는 맞지만, 자신이 결코 포기할 수 없는 부분에서 걸리면 어떻게 해야 할까요? 이럴 경우, 많은 청년은 '네 가지나 맞는 게 어디야. 어디서 이런 사람을 만나겠어? 지금이 기회야'라고 생각하며 꽉 붙잡습니다. 그 마음을 충분히 이해합니다. 그러나 결코 포기할 수 없는 한 가지가 맞지 않으면, 그 사람을 좀 더 지켜보거나 포기할 수 있어야 합니다.

가장 중요한 것을 포기하지 않으면서 다른 것은 수용할 수 있는지 스스로 물어보고, 서로 맞춰 갈 수 있다는 확신이 들면 그 사람과 아름다운 가정을 꿈꾸는 것이 바람직합니다.

*

상대방의 사계절을
확인하세요

상대방의 사계절을 확인하라는 말은 단지 1년의 시간을 함께 보내라는 뜻이 아닙니다. 상대방의 희노애락을 확인하라는 뜻입니다. 상대방이 기쁠 때, 슬플 때, 즐거울 때, 침체될 때, 화를 표현할 때 등을 살펴보라는 것입니다. 상대방의 사계절, 즉 희노애락을 살펴볼 때는 특히 '언어생활'에 주목해야 합니다.

예수께서 이르시되 너희도 아직까지 깨달음이 없느냐? 입으로 들어가는 모든 것은 배로 들어가서 뒤로 내버려지는 줄 알지 못하느냐? 입에서 나오는 것들은 마음에서 나오나니 이것이야말로 사람을 더럽게 하느니라. 마음에서 나오는 것은 악한 생각과 살인과 간음과 음란과 도둑질과 거짓 증언과 비방이니 이런 것들이 사람을 더럽게 하는 것이요. 씻지 않은 손으로 먹는 것은 사람을 더럽게 하지 못하느니라(마 15:16-20).

예수님은 사람의 입에서 나오는 것들은 마음에서 나온다고 말씀하십니다. 그분은 마음에서 나오는 것을 열거하시면서 사람을 더럽게 하는 것이 마음에 근거하고 있음을 강조하십니다. 상대방의 언어생활을 살펴보면, 그의 내면에 무엇이 자리하는지 알 수 있습니다.

만날 때마다 부정적인 사람이 있습니다. 불평불만을 늘어놓고 투덜거립니다. 사람이나 조직에 대한 비방을 달고 다니는 사람도 있습니다. 만날 때마다 대체로 그렇다면, 어떤 상황이 그렇게 만들었다기보다는 그 사람의 내면이 무질서하고 혼돈하다고 볼 수 있습니다. 조금만 관심을 가지고 유심히 살펴보면 알 수 있습니다. 겉모습은 포장할 수 있지만 마음을 포장하기는 어렵습니다. 그 사람이 사용하는 언어는 그의 내면을 드러냅니다.

또한 상대방이 부모님과 어떤 관계를 맺고 있는지 알 수 있으면 좋습니다. 부모님과의 관계도 서로 이야기해 보세요. 부모님과 어떻게 소통하는지 물어보세요. 결혼해서 가정을 이루게 되면, 배우자의 부모님과 맺는 관계가 상당 부분 영향을 미치기 때문입니다.

데이트를 하면서 상대방이 다른 사람들에게 어떤 언어를 사용하는지도 살펴보세요. 남자 친구가 자기 친구들과 어떤 대화를 주고받는지 잘 들어 보아야 합니다. 관계 속에서 언어는 표현되기 마련입니다. 언어생활을 통해 상대방의 됨됨이를 알 수 있습니다. 데이트를 하면서 서로를 적극적으로 알아 가세요.

*
시간을 가지다가
헤어질까 봐 두려워요

수연은 현수의 신앙생활 부분만 빼고 다른 부분은 만족한다고 말합니다. 자신이 포기할 수 없는 한 가지가 신앙이기 때문에 현수가 하나님을 알아 가도록 시간을 갖기로 했다고 말합니다. 그러면서도 불안감을 호소합니다. 현수가 매너도 좋고 외모도 준수하여 다른 이성에게 빼앗길까 봐 두렵다는 것입니다. 그래서 지금 빨리 결혼하고 함께 지내면서 현수가 하나님을 알아 가는 것은 어떤지 제게 물었습니다.

물론 불안한 마음이 생길 수 있습니다. 결혼하고 나서 함께 예배를 드리며 신앙생활을 할 수도 있습니다. 그러나 주변에서 생기는 일들에 귀 기울여 보세요. 어떤 가정에서는 상대방이 세례를 받을 때까지 부모님이 결혼을 허락하지 않습니다. 결혼하고 나서 처음에는 바쁘다는 핑계로 교회에 가지 않다가 점점 담을 쌓아 올리는 사람의 이야기도 들어 보았을 것입니다. 사실, 저는 이런 경우를 많이 보았습니다.

결혼하고 나서 눈물을 흘리며 후회하기보다는 지금 상대방이 하나님을 알아 갈 시간을 갖도록 옆에서 도와주고 기다려 주기를 권합니다. 그러는 중에 상대방이 다른 사람과 눈이 맞으면 어떻게 합니까? 그렇다면 안타깝지만 거기까지입니다. 우리가 하나님의 뜻을 완전히 이해할 수는 없지만 상대방이 당신으로 하여금 그분을 알아 가도록 허락하셨다고 보입니다. 대체로 두 사람이 함께 하나님을 알아 가면서 마음이 바뀌는 경우는 극히 일부입니다.

힘들지만
서두르지 마세요

서른이 넘어서도 결혼하지 못하는 것을 최악의 상황이라고 여기거나 불행하다고 여기는 사람이 많습니다. 어쩌면 스스로 늘 다른 사람보다 늦다고 여길 수도 있습니다. 하지만 그보다 더 나쁜 것은 나이와 상관없이 옳지 않은 사람과 결혼하는 것입니다.

  앞서 말했듯이, 준비된 결혼이 아름답습니다. 그래야 건강한 가정을 이룰 수 있습니다. 청년들을 만나 이야기를 나누다 보면, 결혼 준비가 한쪽으로 치우쳐 있는 경우가 많습니다. 아마도 잠언 31장 30절 말씀만 깊이 묵상하는 것 같습니다.

고운 것도 거짓되고 아름다운 것도 헛되나 오직 여호와를 경외하는 여자는 칭찬을 받을 것이라(잠 31:30).

오직 여호와를 경외하는 사람만 칭찬을 받는다고 여겨 영적인 부분에만 집중합니다. 안타깝게도 이것은 현숙한 여인에 대한 말씀을 오해한 것입니다. 이 말씀을 앞에서부터 살펴볼까요.

남편은 진심으로 아내를 믿으며 가난을 모르고 산다. 그의 아내는 살아 있는 동안, 오직 선행으로 남편을 도우며, 해를 입히는 일이 없다. 양털과 삼을 구해다가, 부지런히 손을 놀려 일하기를 즐거워한다. 또한 상인의 배와 같이, 먼 곳에서 먹거리를 구하여 오기도 한다. 날이 밝기도 전에 일어나서 식구들에게는 음식을 만들어 주고, 여종들에게는 일을 정하여 맡긴다. 밭을 살 때에는 잘 살펴본 다음에 사들이고, 또 자기가 직접 번 돈으로 포도원도 사서 가꾼다. 허리를 단단히 동여매고, 억센 팔로 일을 한다. 사업이 잘 되어 가는 것을 알고, 밤에도 등불을 끄지 않는다. 한 손으로는 물레질을 하고, 다른 손으로는 실을 탄다. 한 손은 펴서 가난한 사람을 돕고, 다른 손은 펴서 궁핍한 사람을 돕는다. 온 식구를 홍색 옷으로 따스하게 입히니, 눈이 와도 식구들 때문에 걱정하는 일이 없다. 손수 자기의 이부자리를 만들고, 고운 모시 옷과 자주색 옷을 지어 입는다. 남편은 마을 원로들과 함께 마을회관을 드나들며, 사람들의 존경을 받는다. 그의 아내는 모시로 옷을 지어 팔고, 띠를 만들어 상인에게 넘긴다. 자신감과 위엄이 몸에 배어 있고, 미래에 대한 두려움이 없다. 입만 열면 지혜가 저절로 나오고, 혀만 움직이면 상냥한 교훈이 쏟아져 나온다. 집안 일을 두루 살펴보고, 일하지 않고 얻은 양식은 먹는 법이 없다. 자식들도 모두 일어나서, 어머니 업적을 찬양하고 남편도 아내를 칭찬하여 이르기를 "덕을 끼치는 여자들은 많이 있으나, 당신이 모든 여자 가운데 으뜸이오" 한다. 고운 것도 거짓되고, 아름다운 것도 헛되지만, 주님을 경외하는 여자는 칭찬을 받는다. 아내가 손수 거둔 결실은 아내에게 돌려라. 아내가 이룬 공로가 성문 어귀 광장에서 인정받게 하여라(잠 31:11-31, 새번역).

현숙한 여인은 여호와만 경외하는 것이 아니라, 부지런하여 일하는 것을 즐거워합니다. 먹거리를 구하기 위해 먼 곳을 다녀오기도 합니다. 날이 밝기도 전에 일어나서 식구들을 위해 음식을 만듭니다. '미인은 잠꾸러기'라는 말이 피부에는 맞는 말일지 모르지만 현숙한 여인에게는 맞지 않습니다. 현숙한 여인은 게으르지 않고 부지런합니다. 일찍 일어나는 새가 벌레를 잡듯이, 부지런하고 성실한 여인이 아름다움을 유지합니다.

현숙한 여인은 여종에게 일을 맡깁니다. 리더십이 있습니다. 밭을 살 때는 잘 살펴본 다음에 사들이고, 또 자기가 직접 번 돈으로 포도원도 사서 가꿉니다. 가정 살림까지 잘합니다.

시대마다 최고로 여기는 여인에 대한 정의와 관점은 다를 수 있습니다. 그러나 성경이 현숙한 여인에 대해 열거하는 것은 참으로 놀랍습니다. 현숙한 여인은 가정과 남편을 세우며(11절), 남편에게 선을 행하고(12절), 부지런히 집안 일을 돌보며(13-24절), 궁핍한 사람을 도와주고(20절), 말을 지혜롭게 하며(26절), 여호와를 경외하고(30절), 뭇사람들에게 칭찬을 받습니다(31절).

『교회용어사전』은 '현숙'이라는 단어를 이렇게 정의합니다. "마음이 어질고 성숙함. 원뜻은 '강하다, 확고하다'로, 믿음이 확고하고, 도덕적으로 덕이 있으며, 심지가 굳고, 능력이나 재능이 탁월한 것을 말한다." 현숙함은 여인에게서 최고로 꼽는 미덕 중 하나입니다.

현숙한 여인에 대해 공부하고 알수록 주먹이 불끈 쥐어지기보다는 힘들게만 느껴지나요? 하나님이 여인에게 너무 힘겨운 짐을 지웠다고 생각하나요? 잠언 31장은 현숙한 여인으로 준비되는 것에 대해 구체적으로 말합니다. 그러나 이 말씀을 듣고 먼저 실천해야 할 대상은 남자입니다.

> 누가 유능한 아내를 맞겠느냐? 그 값은 진주보다 더 뛰어나다 (잠 31:10, 새번역).

하나님은 솔로몬을 통해 현숙한 여인에 대해 말씀하시면서 남자에게 구체적으로 도전하십니다. "현숙한 여인을 얻고 싶으냐? 누가 현숙한 아내를 얻겠느냐? 너도 유력한 남편이 되어라. 현숙한 여인처럼 너도 유력한 사람이 되도록 준비하라."

아름답고 건강한 가정을 이루려면 준비가 중요하다는 것을 강조하지 않을 수 없습니다. 누군가는 "언제까지 준비만 해야 하나요?"라고 질문할 수 있습니다. 사실, 이 책을 읽고 있거나 결혼에 대해 고민하는 사람이라면, 하나님이 좋은 배우자를 준비하시고 만나게 하실 것입니다.

> 또 여호와를 기뻐하라. 그가 네 마음의 소원을 네게 이루어 주시리로다. 네 길을 여호와께 맡기라. 그를 의지하면 그가 이루시고 네 의를 빛같이 나타내시며 네 공의를 정오의 빛같이 하시리로다 (시 37:4-6).

하나님의 때를 기다리며 인내하는 것은 결코 쉽지 않습니다. 그러나 정중히 부탁합니다. 나이에 밀려 서두르지 마세요. 나이에 팔려 간다는 생각은 절대로 하지 마세요. 자신이 생각했던 시기보다 늦어져서 힘들 수 있습니다. 그러나 하나님을 신뢰한다면, 당신의 가치와 생각과 미래를 의심하지 마십시오. 저는 당신을 믿습니다. 단지, 당신의 몸과 마음이 건강하면 좋겠습니다. 자신을 잘 관리하고 결혼을 준비하면 좋겠습니다. 하나님의 때를 소망하고 무엇보다 자신을 사랑하며 살아가는 용기가 있으면 좋겠습니다. 당신은 사랑받기에 충분한 하나님의 사람입니다.

결혼예비학교 1주차: 나눔을 위한 질문

1. 당신이 바라는 배우자의 조건을 다섯 가지 정도 나누어 보세요.

2. 당신이 결혼 생활에서 절대로 고수해야 하는 핵심 가치는 무엇인가요?

3. 성경이 언급하는 현숙한 여인(잠 31:11-31)은 어떤 모습인가요? 당신이 잘하고 있는 모습과 아쉬운 모습이 무엇인지 나누어 보세요(31-35쪽 참조).

4. "누가 현숙한 여인을 얻을 수 있겠는가?"(잠 31:10)라는 말씀은 현숙한 여인과 동등하게 준비하라고 남자에게 도전하는 말씀입니다. 유력한 남자가 되기 위해 집중적으로 준비해야 할 것은 무엇인가요?

5. 예비부부가 함께 꿈꾸는 가정에 대한 기도제목을 다섯 가지 작성해 보세요.

1. 이 사람과 결혼해도 될까요?

2.

그리스도인의 결혼, 무엇이 다를까요?

*

결혼 날짜를 잡은 수연과 현수가 제게 결혼 주례를 부탁했습니다. 저는 두 가지를 제안했습니다. 하나는 두 사람이 결혼 예비학교에 참석하는 것이고, 다른 하나는 결혼 예배를 위해 중보기도하는 시간을 가지는 것입니다.

제가 이렇게 제안한 이유는 결혼 주례에 대한 고민이 있었기 때문입니다. 한 대형교회를 5년간 섬기면서 성인들을 섬기는 교구 사역과 청년 사역으로 바빴습니다. 대부분의 목사처럼 성도들의 경조사도 섬겼습니다. 간혹 결혼식에서 주례나 기도로 섬겼는데, 그 부모는 잘 알지만 정작 결혼하는 커플은 잘 모르는 경우가 있습니다. 물론 결혼식을 하기 전에 예비부부를 한 번은 만납니다.

교회가 아닌 예식장에서 주례를 할 때는 결혼 예배를 30분 내에 진행하는 것이 마치 가정을 찍어 내는 일처럼 느껴졌습니다. 그래서 저는 예비부부에게 결혼예비학교에 참석하기를 권했습니다. 결혼이 무엇이고, 비자금의 유무와 갈등을 해결하는 법, 성에 대한 이야기 등을 나누는 시간도 가졌습니다.

이제 예비 신랑 현수와 예비 신부 수현이와 함께한 결혼예비학교 내용을 나누려고 합니다. 이론적인 부분은 추천도서를 통해 나누었습니다. 그리고 실제적인 만남에서는 생활 숙제와 속 깊은 나눔을 가졌습니다. 커플끼리 이 내용으로 주어진 질문에 답하면서 나누면 유익할 것입니다.

*
결혼식 준비 vs.
결혼 준비

- 질문 1. 결혼식 준비와 결혼 준비의 차이는 무엇일까요? 서로의 생각을 나누어 보세요.

　결혼식 준비를 결혼 준비로 오해하는 경우가 많습니다. 30분의 결혼식을 준비하는 것이 가정을 이루는 30년 이상의 삶을 위한 토대가 될 수 없습니다. 우리는 결혼식이 아니라 결혼을 바르게 준비해야 합니다.
　결혼 준비는 서로에 대한 생각을 알아 가고 앞으로 함께할 시간에 대해 이야기를 나누는 것을 말합니다. 무엇보다 서로를 더욱 알아 가는 시간입니다. 기본적으로 남녀 차이를 이해하면서 상대방을 이해하는 폭을 넓혀 가는 시간입니다. 돈에 대한 이해를 서로 나누고, 가정경제에 대해 함께 고민하는 시간입니다. 갈등이 생기면 어떻게 해결할지에 대한 원칙을 세워 가는 준비입니다. 성관계에 대한 생각을 나눔으로써 그 즐거움의 비밀을 함께 누리는 시간입니다.

결혼 준비는 대화를 통해 서로 신뢰를 더욱 쌓아 감으로써 어제보다는 오늘이, 오늘보다는 내일이 더 아름답고 더 사랑스러운 가정을 이루는 기초가 됩니다.

미국의 대표적인 설교가 존 파이퍼는 이렇게 말합니다.

> 결혼 전에 보다 많은 문제에 대해 대화를 나누십시오. '이 문제를 다룰 더 적절한 때가 오겠지'라고 생각한다면, 오산입니다. 준비 기간이 평화로워야 결혼 생활이 평화로울 거란 생각으로 갈등을 피한다면, 잘못되어도 한참 잘못된 생각입니다. 교제 기간과 결혼 준비 기간이 있는 것은 미처 몰랐던 서로의 생각과 신념, 느낌과 행동 등을 최대한 알아 가기 위해서입니다. 둘 사이에 비밀이 없도록 하십시오. 결혼은 서로에 대한 무지가 아닌 신뢰에 기초해야 합니다. 물론, 대화를 하다 보면 의견 충돌이 생길 수 있습니다. 그렇더라도 대화를 피하지 마십시오.[1]

결혼 준비를 가장 잘하는 방법은 '대화'입니다. 두 사람간의 '소통'입니다. 이것이 쉽지 않지만 결코 포기해서는 안 됩니다. 결혼이 무엇인지 이해할수록 '소통', '부부간의 대화'가 가장 중요한 결혼 준비이며, 결혼 생활임을 깨달을 것입니다.

이제 두 가지 질문을 더 하겠습니다. 서로의 생각을 이야기해 보세요.

- 질문 2. 배우자와 함께 어떤 가정을 이루고 싶은가요?

- 질문 3. 당신이 생각하는 배우자와의 결혼 생활은 긍정적인가요, 아니면 부정적인가요?

서로의 생각을 솔직하게 나누다 보면, 서로의 차이로 인해 서로 다른 가정에서 시작하고 있음을 알게 될 것입니다. 결혼에 대한 가장 큰 오해 중 하나는 '신데렐라 신화'입니다. 왕자와 신데렐라 이야기의 마지막 장면을 기억하세요? "그 후에 오래 행복하게 살았더라"입니다.

두 사람이 정말 행복했을까요? 우선 남녀 차이를 생각해 보세요. 그리고 왕궁에서 자란 왕자와 일반 가정, 그것도 새엄마와 이복 자매 사이에서 자란 신데렐라가 정말 행복했을까요? 두 사람은 사랑으로 모든 차이를 극복했을까요?

사실 대부분의 커플이 결혼에서 같은 것을 기대합니다. 지금보다 더 좋고 더 행복할 것이라고 생각합니다. 혼자 지내다가 배우자를 만남으로 나쁜 것은 모두 사라지고, 무엇보다 배우자가 자신의 부족한 면을 온전히 채워 주리라고 기대합니다. 이 모든 것은 신데렐라 신화가 만든 비현실적인 기대와 꿈입니다.

그러면 결혼에 대한 기대와 꿈을 갖는 것은 헛된 일인가요? 남녀 차이를 극복할 방법은 없나요? 그렇지 않습니다. 우리는 결혼에 대한 바른 이해에서 그 대답과 방법을 찾을 수 있습니다.

대체로 그리스도인의 결혼과 세상 사람의 결혼의 차이를 예배 형식, 즉 결혼 예배를 드리고 주례자로 목사를 세우는 것으로만 이해합니다. 그러나 주례자 없이 결혼 예식을 하는 그리스도인도 있습니다. 이런 경우는 어떻게 이해해야 할까요?

성경이 말하는 결혼의 비밀을 살펴보면서 남녀 차이를 어떻게 극복할지 고민하며 아름다운 결혼에 대한 소망을 가지면 좋겠습니다.

*

결혼의
세 가지 요소

결혼 준비를 하는 예비부부가 반드시 읽고 묵상한 후에 서로 나누어야 할 말씀은 창세기 2장 24-25절입니다.

> 이러므로 남자가 부모를 떠나 그의 아내와 합하여 둘이 한 몸을 이룰지로다. 아담과 그의 아내 두 사람이 벌거벗었으나 부끄러워하지 아니하니라(창 2:24-25).

이 말씀은 결혼의 세 가지 요소를 언급합니다. '떠남', '연합'(합하여), '한 몸'입니다. 이 세 가지 요소는 우리가 앞으로 살펴볼 '돈', '갈등', '성관계'를 이해하는 기초이기도 합니다.

떠남

성경은 "남자가 부모를 떠나"라고 말합니다. '떠남'은 혼자 사는 것이 좋지 않기에 치러야 할 대가입니다. '떠남'은 단호할 정도로 확실하고 분명해야 합니다. 부모에게서 확실히 분리되지 않으면 결혼하는 부부가 독립적으로 성장할 수 없습니다.

결혼한 지 3년이 된 부부가 저를 찾아온 적이 있습니다. 그들은 부모에게서 경제적으로 독립하지 않았습니다. 양가 부모에게 집안의 대소사를 간섭받아 스트레스를 받고 갈등을 겪고 있었습니다. 부모의 경제적 도움은 어쩔 수 없는 선택이었습니다. 하지만 시간이 흘러도 부모에게서 경제적으로 독립하지 못하면 고부간의 갈등이 생기고 부부 사이에 다툼이 일어납니다.

또한 부모에게서 정서적으로 독립하지 않아서 갈등을 겪는 부부도 많습니다. 부모에게 받은 상처를 답습하여 배우자에게 그대로 쏟아붓습니다. 부모의 모습을 배우자에게 강요하는 사람도 있습니다. '남편의 모습은 이래야 하는 거 아니야?', '아내라면 내 어머니 같은 모습이어야 해' 등으로 배우자를 자기 부모의 틀 안에 가둡니다.

'마마보이', '맘모니'(mommoni, 앞치마에 매달린 아들)는 부모에게서 정서적으로 독립하지 않은 모습입니다. 인기리에

방영된 드라마 'SKY 캐슬'에서 주인공 강준상(배우 정준호)이 어머니에게 절규하는 모습에서 이것을 볼 수 있습니다. "내일 모레가 오십인데도 어떻게 살아야 할지 모르겠어요. 어머니가 이렇게 키웠잖아요."

'떠남'은 남자가 부모를 떠나는 것뿐만 아니라, 부모도 자녀를 떠나 보내는 것을 말합니다. 결혼하는 부부는 자기 부모를 떠나 건강한 가정을 이루어야 합니다.

연합

'합하여'는 히브리어로 '다바크'인데 '붙다', '밀착되다', '착 달라붙다'는 뜻입니다. 남편과 아내가 착 달라붙어 있는 모습은 '연합'을 의미합니다.

'떠남'과 '연합'은 사실 같은 의미입니다. '떠남'은 결혼의 공적이고 법률적인 면을 나타내고, '연합'은 개인적인 면을 더 많이 나타냅니다.[2] 떠나지 않고는 연합할 수 없고, 연합하기로 결단하지 않으면 떠날 수 없습니다.

가정 사역자 월터 트로비쉬는 연합에 대해 이렇게 말합니다.

> 연합하는 것은 사랑하는 것을 의미합니다. 그러나 그것은 특별한 종류의 사랑입니다. 하나의 결정을 내린 사랑입니다. 그래

서 더 이상 새로운 사랑을 추구하거나 찾지 않습니다. 연합하는 사랑은 완숙한 사랑, 즉 한 사람에게만 충실하게 남아 있기로 결정하고 이 한 사람과 그의 전 생애를 나누기로 결정한 사랑입니다.[3]

하나의 결정을 내린 사랑, 즉 배우자에게 충실하고 헌신하며 전 생애를 나누기로 결정한 사랑이 바로 '연합'입니다. 이것이 결혼을 이루는 두 번째 요소입니다.

한 몸

남자와 여자가 한 몸을 이루는 것은 결혼의 육체적인 면을 묘사하는 것입니다. 이 부분은 5장 '성관계, 야한 건가요?'에서 좀 더 자세히 살펴보겠습니다. '떠남'과 '연합'처럼 육체적으로 '한 몸'을 이루는 것은 결혼에 대한 하나님의 말씀이요 뜻입니다.

사도 바울은 남편과 아내가 한 몸인 것을 인용하여 그리스도와 교회에 대해 말합니다.

그러므로 사람이 부모를 떠나 그의 아내와 합하여 그 둘이 한 육체가 될지니 이 비밀이 크도다. 나는 그리스도와 교회에 대하여 말하노라. 그러나 너희도 각각 자기의 아내 사랑하기를 자신같이 하고 아내도 자기 남편을 존경하라(엡 5:31-33).

바울은 남자가 부모를 떠나 자기 아내와 합하여 둘이 한 몸을 이룬다는 창세기 2장 24절 말씀을 인용합니다. 그는 이 말씀이 그리스도와 교회의 관계를 말하고 있으며, 이것이 결혼의 비밀이라고 힘주어 설명합니다. 이것을 좀 더 깊이 이해하려면 앞 문맥을 살펴보아야 합니다.

이와 같이 남편들도 자기 아내 사랑하기를 자기 자신과 같이 할지니 자기 아내를 사랑하는 자는 자기를 사랑하는 것이라. 누구든지 언제나 자기 육체를 미워하지 않고 오직 양육하여 보호하기를 그리스도께서 교회에게 함과 같이 하나니 우리는 그 몸의 지체임이라(엡 5:28-30).

남편과 아내가 한 몸인 것처럼 그리스도와 교회도 한 몸입니다. 남편이 아내를 사랑하는 것은 자기를 사랑하는 것입니다. 남편이 아내를 양육하여 보호하는 것은 자신을 양육하여 보호하는 것입니다. 마찬가지로, 그리스도께서 교회를 양육하여 보호하시는 것은 그리스도 자신을 양육하여 보호하시는 것입니다.

이제 한 몸인 부부가 서로 사랑하고 양육하여 보호하는

것이 어떤 의미인지가 분명해집니다. 그리스도께서 자신을 사랑하시는 만큼 교회를 사랑하고 양육하여 보호하시는 것처럼, 결혼한 부부가 자신을 사랑하는 만큼 배우자를 사랑하고 양육하여 보호하는 것이 한 몸의 의미이고, 결혼의 비밀이며, 결혼의 필수 요소입니다.

결혼의 세 가지 요소인 '떠남', '연합', '한 몸'은 우리가 결혼을 이해할 수 있는 길라잡이입니다.

*

그리스도인의 결혼이
특별한 세 가지 이유

이제 그리스도인의 결혼이 특별한 세 가지 이유를 살펴보겠습니다.

결혼, 하나님이 제정하시다

여호와 하나님이 이르시되 사람이 혼자 사는 것이 좋지 아니하니 내가 그를 위하여 돕는 배필을 지으리라 하시니라(창 2:18).

하나님은 만물을 말씀으로 창조하셨습니다. 창조하신 만물을 보고 심히 좋아하셨습니다. 그분이 좋아하셨을 미소를 생각하는 것만으로도 피조물인 우리가 얼마나 사랑받는 존재인지 알 수 있습니다.

그런데 창세기 2장 18절에 보면, 하나님이 좋지 않다고 하신 것이 나옵니다. 하나님은 아담이 혼자 있는 것이 좋지 않아서 그를 돕는 배필을 지어 주시고 결혼을 만드셨습니다. 즉, 부부 관계는 하나님이 맺어 주신 존귀한 관계입니다.[4]

결혼은 하나님이 큰 사랑과 관심을 가지고 창조하신 것입니다. 결혼을 만드신 하나님이야말로 결혼과 부부 관계를 가장 잘 아시는 분입니다. 그러므로 우리는 결혼에 대한 큰 기대와 소망을 가질 수 있습니다. 하나님이 결혼을 제정하시고 남자와 여자가 부부로 관계를 맺게 하셨기 때문에 우리는 결혼 생활에서 갈등과 어려움이 생기면 그분께 나아가야 합니다.

대체로 부부 사이에 갈등과 문제가 생기면, 양가 부모에게 달려가거나 친구와 상담을 합니다. 보통 상담을 할 때는 긍정적인 말보다 부정적인 말을 하고, 자기 중심으로 힘듦을 해석하여 말하기 때문에 결국 배우자는 죄인이 됩니다. 당신의 이야기를 듣는 부모나 친구는 매우 공감하면서 위로할 것이 분명합니다. 하지만 그들이 다음에 당신의 배우자를 만날 때는 이미 부정적인 이미지가 새겨져 있다는 것을 명심해야 합니다.

2. 그리스도인의 결혼, 무엇이 다를까요?

물론 상담 치료사나 먼저 결혼한 사람이나 부모가 도움이 되는 것은 분명합니다. 그러나 하나님이 남자와 여자를 창조하시고 결혼을 제정하셨기 때문에 부부를 가장 잘 아십니다. 이것이 결혼을 더 아름답게 가꿀 수 있는 비전이자 기초가 됩니다.

부부를 가장 잘 아시는 최고의 상담자(사 9:67, 기묘자라 모사라)가 우리에게 계십니다. 우리는 그분께 배워야 합니다.

결혼, 삼위일체 하나님께 배우다

첫째, 우리는 삼위일체 하나님께 '결혼의 의미'를 배울 수 있습니다.

결혼을 약속한 청년들을 만나서 어떻게 결혼할 생각을 했는지 물어보면 이렇게 대답합니다. "우리는 너무 닮았어요. 생각과 가치관도 비슷하고 일하는 방식도 닮았거든요. 만나면 만날수록 비슷한 점이 많아서 편안합니다. 그래서 이 사람이구나 했어요." 자신과 비슷하고 똑같으면 편안하고 안정감을 느끼는 것은 당연합니다.

마이크 메이슨은 『결혼의 신비』에서 이렇게 말합니다.

> 삼위일체의 세 위가 서로 얼마나 다른지 생각해 보라. 어느 한 분만으로도 충분히 하나님이 될 수 있다. 삼위의 세 위는 완벽

하게 연합해 계신다. 서로 다르며 홀로 얼마든지 전능하신데도 세 위는 분리되지 않고 한 분 하나님을 이루신다. 결혼은 세 위의 진정한 연합인 삼위일체의 신비를 비추는 거울이다. 두 사람이 맞지만 두 사람은 삼위일체를 닮은 연합체로 존재한다. 이것이 결혼의 진정한 의미다.[5]

결혼은 똑같음이 아니라 하나 됨입니다. 비슷하고 다른 점을 사랑으로 채우고 하나 됨의 완성을 맛보는 즐거움을 경험하는 것입니다. 결혼의 기쁨은 마치 퍼즐 조각을 맞추면서 전체가 완성될 때 경험하는 흥분이자 감격과 같습니다. 우리는 삼위일체를 통해 결혼의 의미를 배웁니다.

둘째, 우리는 삼위일체 하나님께 사랑을 유지하고 발전시키는 '소통'을 배울 수 있습니다.

'소통'은 라틴어에서 나왔는데, '나누다'(communicare)라는 뜻입니다. 본래 뜻은 '천상의 신이 인간에게 덕성을 나누어 주다'입니다. 로마 진출에 성공한 기독교회의 소통은 전도였습니다. 근대에는 이 말의 쓰임이 확대되어 '지식 전달'의 뜻을 갖게 되었고, 오늘날에는 '의사소통'을 의미합니다.

의사소통(communication)은 '가지고 있는 생각이나 뜻이 서로 통함'이라는 의미이며, 인간이 사회생활을 하려면 필수로 가져야 하는 능력입니다.

우리는 삼위일체의 세 위가 영원 전부터 영원까지 서로 통하고 교제하시는 모습에서 소통을 배울 수 있습니다. 소통에서 가장 중요한 것은, 자기 의사를 관철시키는 것이 아니라 상대방의 입장에서 들어 주고 받아 주어 한 길을 가는 모습입니다.

기독교 상담가 래리 크랩은 이렇게 말합니다.

소통(connection)의 정의를 보여 주는 공동체가 있으니, 바로 성부 성자 성령의 삼위일체 하나님이시다.[6]

태초에 하나님이 계셨습니다. 데이트나 이혼 전문 변호사가 있기 전에 하나님이 계셨습니다. 영광스러운 행복과 온전한 연합, 사랑으로 충만하신 하나님, 즉 어떤 인간이나 사물이 존재하기 전에 절대적인 연합과 영원한 교제를 누리시는 삼위일체 하나님이 계셨습니다.[7] 창세전부터 성부와 성자와 성령 각 위는 다른 두 위로부터 영광과 높임, 사랑을 받아 왔음을 알 수 있습니다. 하나님의 존재 자체에 이미 '이타적 지향성'이 있었던 셈입니다.[8]

삼위 하나님이 창세전부터 연합과 영원한 교제를 누리시는 즐거움은 이타적 지향성에 근거를 두고 있습니다. 팀 켈러는 결혼 생활에서 "자신의 행복을 좇기보다 서로 섬겨 보라"고 말하며 이타적 지향성을 결혼에 적용합니다.[9] 부부에게 무조건적으로 사랑하라고 도전합니다.

삼위 하나님의 이타적 지향성은 자기중심적인 태도로 살아가는 사람들의 모습과는 극명하게 대조됩니다.

너는 이것을 알라. 말세에 고통하는 때가 이르러 사람들이 자기를 사랑하며 돈을 사랑하며 자랑하며 교만하며 비방하며 부모를 거역하며 감사하지 아니하며 거룩하지 아니하며 무정하며 원통함을 풀지 아니하며 모함하며 절제하지 못하며 사나우며 선한 것을 좋아하지 아니하며 배신하며 조급하며 자만하며 쾌락을 사랑하기를 하나님 사랑하는 것보다 더하며(딤후 3:1-4).

성경은 말세에 사람들이 극도로 자기중심적으로 사는 것을 구체적으로 밝히고, 삼위일체 하나님의 이타적 지향성을 '사랑'으로 보여 줍니다.

사랑은 오래 참고 사랑은 온유하며 시기하지 아니하며 사랑은 자랑하지 아니하며 교만하지 아니하며 무례히 행하지 아니하며 자기의 유익을 구하지 아니하며 성내지 아니하며 악한 것을 생각하지 아니하며 불의를 기뻐하지 아니하며 진리와 함께 기뻐하고 모든 것을 참으며 모든 것을 믿으며 모든 것을 바라며 모든 것을 견디느니라(고전 13:4-7).

사랑은 자기중심적이지 않습니다. 사랑은 이타성을 지향합니다. 우리는 사랑으로 서로 소통해야 합니다. 사랑이 없으면 이타적일 수 없고, 남을 배려하며 상대방의 입장을 고려하는 소통도 할 수 없습니다. 삼위일체 하나님은 서로 사랑으로 소통하십니다. 우리는 삼위일체 하나님께 소통을 배울 수 있습니다.

결혼, 그리스도를 닮아 가다

우리는 삼위일체 하나님을 통해 서로 비슷하고 다름이 결혼의 의미라는 사실을 깨닫습니다. 그리고 이타적인 사랑의 마음으로 소통해야 함을 배우지만 곧 자신의 한계를 느끼고 지칩니다. 마치 방향을 잃은 배와 같이 망망대해에서 방황합니다. 어떤 때는 자기중심성이 생각과 감정을 지배하여 하나 됨의 결혼을 분리하려고 합니다.

이런 상황에 부딪히면 신앙이 있다고 말하는 부부가 더 힘들어 합니다. 알고 있기 때문에 더 죄책감에 빠지는 것입니다. 그러면서 "그리스도인의 결혼 생활은 무엇인가?"라는 질문에 회의를 가집니다.

남녀 차이처럼 서로 다름을 이해하고 하나 되는 것, 사랑으로 소통하는 것은 비그리스도인들도 동감하는 진리입니다. 과연 그리스도인의 결혼 생활은 무엇이 다를까요?

저는 그리스도인의 결혼 생활을 이렇게 정의합니다. "그리스도를 향하여 그분을 함께 닮아 가는 과정이다."

기독교 가정 상담가 노먼 라이트는 『사랑의 열쇠』에서 이렇게 말합니다.

> 그리스도인의 결혼 생활은 두 사람이 조화롭게 살아가는 삶 그 이상이다. 그들의 결혼에 의미를 부여하시고 올바른 방향으로 인도하시는 예수 그리스도를 중심에 모시고 있다는 점이 가장 큰 차이다. 예수 그리스도께서 그 관계에 머물러 계실 때만 그리스도인의 결혼이라 할 수 있다.[10]

예수 그리스도를 닮아 가는 과정이 결혼입니다. 부부가 함께 그리스도를 향해 달려갈 때, 그리스도와 가까워질 때 다름이 닮아 가고, 자기중심성이 그리스도를 닮은 이타적 사랑으로 변화되고 하나가 됩니다. 그리스도는 부부에게 다림줄(다림을 볼 때 수직을 살펴보기 위해 추를 달아서 늘어뜨리는 줄)이 됩니다. 다림줄은 중심을 잡아 줍니다. 어디가 삐딱한지 알려 줍니다. 어디서 기울었는지 보여 줍니다. 다림줄로 중심을 잡아 가듯 그리스도께서 부부와 가정에 다림줄이 되어 그분을 닮아 가는 것이 그리스도인의 결혼입니다. 다음 그림으로 좀 더 설명해 보겠습니다.

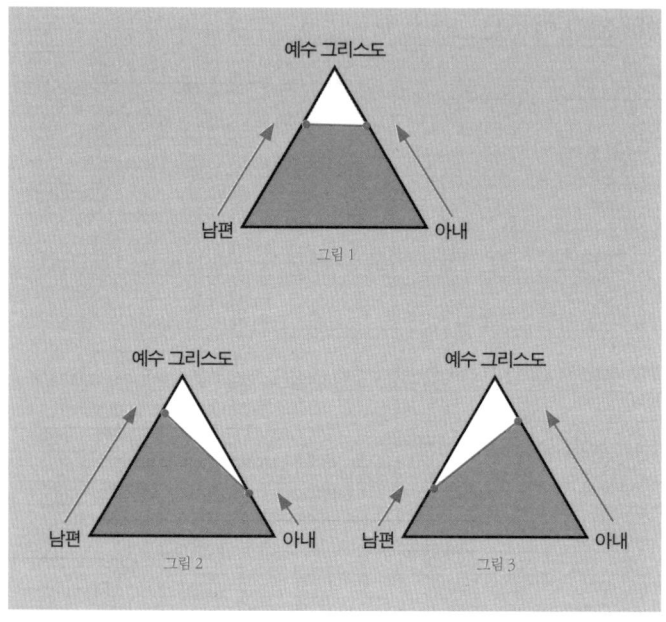

불완전한 한 남자와 한 여자가 부부가 되어 그리스도를 향해 달려갈 때, 그분께 가까이 갈수록 서로의 거리가 가까워지고 서로 닮아 가게 됩니다(그림 1). 그러나 남편은 그리스도께 가까이 가지만 아내가 그리스도에게서 멀어지거나(그림 2), 그 반대일 경우(그림 3)에는 부부 사이의 거리가 멀어지고 기준점이 없어서 갈등을 겪게 됩니다.

주일에 예배 안내를 하고 있는데, 신혼부부가 예배당 밖에서 큰 소리로 다투는 모습이 보였습니다. 잠시 후 부부가 예배를 드리는 모습을 보고 가슴이 조마조마했습니다. 그런데 예배를 드린 후 두 사람의 모습을 보고는 미소를 지었습니다. 예배를 마치고 찬양하는 중에 두 사람이 손을 잡고 함께 기도하는 모습을 보았기 때문입니다.

이 부부는 갈등 중에도 예배를 드렸습니다. 예수 그리스도를 향해 달려감으로 두 사람이 화평을 누리고, 떨어졌던 관계가 두 손을 맞잡은 모습으로 회복된 것입니다. 참으로 인상 깊었습니다. 이런 모습이 바로 그리스도인 부부의 모습입니다.

저는 이 책을 읽는 당신이 결혼식 준비가 아니라 결혼 준비를 잘하면 좋겠습니다. 결혼식을 준비하면서 갈등을 겪을 때도 있을 것입니다. 물론 결혼 생활 중에도 그럴 것입니다. 그럴 때마다 결혼의 세 가지 요소가 있는지 점검해 보세요. 삼위일체 하나님께 배운 것을 실천해 보세요. 다름을 하나 됨으로 채워 나가는 것이 결혼이라는 사실을 항상 되새기고, 사랑으로 소통하려고 노력해 보세요. 무엇보다도 두 사람 사이에 예수 그리스도를 다림줄로 세우고 그분을 닮아 가기를 힘쓰기 바랍니다.

앞으로 돈, 갈등, 성관계에 대해 다룰 때도 이 내용을 기초로 할 것입니다. 부부가 서로 소통하면서 그리스도를 닮아 가는 가정이 되어 어제보다는 오늘이, 오늘보다는 내일이 더 아름다운 가정을 꿈꾸고 누리기 바랍니다.

결혼예비학교 2주차: 나눔을 위한 질문

1. 결혼식 준비와 결혼 준비는 다릅니다. 서로의 생각을 나누어 보세요.

2. 배우자와 함께 어떤 가정을 이루고 싶은지 묘사해 보세요.

3. 당신이 생각하는 배우자와의 결혼 생활은 긍정적인가요, 아니면 부정적인가요? 그 이유를 설명해 보세요.

4. 결혼 준비를 가장 잘하는 방법은 '대화'와 '소통'입니다(43-44쪽 참조). 앞으로 어느 시간에 어떻게 대화하며 소통할지 나누어 보세요.

5. 창세기 2장 24-25절을 읽어 보세요. 결혼의 세 가지 요소(46-51쪽 참조) 중 가장 마음에 와 닿은 것은 무엇인가요? 그 이유를 나누어 보세요.

6. 그리스도인의 결혼이 특별한 세 가지 이유를 살펴보았습니다(52-62쪽 참조). 세 가지 이유를 설명하고, 구체적으로 어떻게 적용할지 나누어 보세요.

2. 그리스도인의 결혼, 무엇이 다를까요?

3.
갈등, 어떻게 해결해야 할까요?

이제 갈등에 대해 살펴보려고 합니다. 좀 더 솔직하게 말하면 '잘 싸우는 법'에 대해 나누려고 합니다. 다음 질문에 답하면서 서로의 생각을 나누어 보세요.

- 질문 1. 연애하는 동안 몇 번이나 싸웠나요? 가장 기억에 남는 갈등은 무엇인가요?

- 질문 2. 결혼을 준비하면서 갈등을 겪었나요? 어떤 부분이 가장 답답했나요?

*
관계가
갈등을 일으킨다

갈등을 해결하려면 먼저 갈등이 생긴 이유가 무엇인지 알아야 합니다. 두 사람이 서로 사랑하는 것이 분명한데, 갈등을 겪는 이유는 무엇일까요?

시인이자 수필가인 김용택 선생은 갈등을 이렇게 설명합니다.

산에 가면 칡이 있습니다.
칡은 땅 위에서 뻗어 가기도 하고
나무를 감고 오르기도 하는 넝쿨 식물입니다.
우리 둘레에서 볼 수 있는 나무 가운데

등나무가 있습니다.

봄이 되면 보라색 꽃이

포도송이처럼 매달려 피는 나무지요.

등나무는 무엇인가에 닿으면

왼쪽으로 휘감고 올라갑니다.

그런데 칡은 오른쪽으로 감고 올라갑니다.

칡과 등나무를 같은 곳에 심어 두면

각자 반대 방향으로 감고 올라갑니다.

풀 수 없을 정도로 깊이 조이며 서로 엉키지요.

그래서 칡 갈(葛), 등나무 등(藤) 자를 써서

'갈등'이라고 한답니다.[1]

갈등을 이보다 더 아름답고 쉽게 설명할 수 있을까요? 칡과 등나무는 각자 독특한 특성과 본능에 충실합니다. 그런데 같은 곳에 있으니 각자의 성격대로 감고 올라가며, 풀 수 없을 정도로 깊이 조이고 서로 엉켜서 갈등을 일으킵니다. 갈등은 누군가가 틀려서 일어나는 것이 아니라, 서로 다른 두 사람이 같은 곳에서 관계를 맺기 때문에 일어나는 것입니다.

김용택 선생은 관계가 갈등을 일으킨다는 것을 이렇게 설명합니다.

갈등은 둘 사이의 긴장을 말하지요. 둘이 있으면 이해관계가 발생합니다. 내가 하는 행동이 누군가를 불편하게 할 수 있습니다. 내가 이익을 얻으면 남이 손해를 볼 수 있습니다. 누군가 일등을 하면 누군가는 이등을 하겠지요. 당연히 꼴지도 있고요. 관계란 이렇게 불편한 일을 일으키기도 합니다.[2]

두 사람이 서로 사랑하지만 어떤 이는 칡으로, 또 다른 이는 등나무로 지금까지 살아왔기에 본능에 반하는 긴장이 생기는 것은 당연합니다. 단지 사랑이라는 이름으로 '당연함'을 '긴장함'으로 오해하여 갈등을 키우는 경우가 있습니다.

얘, 또 왜 이래?

하루는 한 청년이 저를 찾아와서 이렇게 물었습니다. "남자들은 왜 그래요? 이유를 말해야 알죠. 갑자기 폭풍 짜증을 내면 나보고 어쩌란 말이예요?"

그녀는 연애 초기에는 남자친구가 자상했다고 말합니다. 어지간한 일에는 화를 안 내고 짜증도 안 냈다고 합니다. 그저 웃으면서 "너니까 괜찮아"라고 말하는 그의 미소와 목소리가 다정하기만 했습니다.

그런데 만나는 횟수가 늘어날수록 남자친구는 짜증과 분노를 표출했습니다. 물론 자신이 잘못했을 때는 남자친구의

화와 짜증을 이해할 수 있습니다. 그런데 아무런 이유 없이 짜증을 내면 어떻게 하라는 건지, 도대체 왜 그러는지 설명해 줘야 하는 것 아니냐고 말합니다.

사실, 남자도 마찬가지입니다. "얘, 또 왜 이래?"라는 말이 마음에서 아우성입니다. 카페에서 웃으며 데이트하다가 갑자기 여자친구의 표정이 굳습니다. 식당에서 메뉴를 정하면서도 여자친구는 고기압과 저기압을 오르락내리락합니다. 삐친 것이 분명합니다.

드라마나 영화에서는 삐친 여자친구의 모습이 귀엽고 사랑스럽다고 말하지만, 한두 번이 아니라 만날 때마다 삐치면 지뢰밭에 들어간 것 같습니다. 땀이 나고 조마조마하며 어느 순간 어디서 터질지 몰라 긴장합니다. 토라진 이유를 알기만 하면, 사과를 하거나 달랠 수 있으나 도무지 어떤 사건이나 상황에서 그런 것인지 모르면 정말 환장할 노릇이라고 말합니다.

제가 아는 한 커플의 이야기입니다. 남자친구가 아침에 전화를 했는데, 휴대폰 너머로 들려오는 여자친구의 목소리가 예전 같지 않습니다. 여자친구는 커피를 사서 나오는 길이라고 말하다가 그만 휴대폰을 땅에 떨어뜨렸습니다. 놀란 여자친구는 "액정이 깨졌어, 나중에 전화해"라고 말합니다. 그 순간 남자친구는 얼음이 되고, 죄인이 됩니다. 남자친구는 자기 때문에 액정이 깨져서 미안하다고 카톡을 보내며 액정을 고치자고 말합니다. 그러자 여자친구는 돈도 많이 드는데 괜찮다고 합니다. 그런데 남자친구는 괜찮지 않습니다. 다소 차가워진 여자친구의 말투에 긴장합니다.

여자친구는 왜 이러는 걸까요? 정말 삐친 것일까요? 아니면 남자친구가 너무 민감한 것일까요?

그 커플을 만나 자초지종을 들었습니다. 그녀는 이렇게 말했습니다. "늘 아침 7시면 남자친구가 연락했는데, 그 시간이 되어도 아무 연락이 없는 거예요. 기분이 상하기 시작했죠. 무슨 일이 있나 걱정하면서 찜찜한 기분으로 출근 준비를 했어요. 그러다 평소보다 늦게 전화가 와서 한편으로는 안도했지만 다른 한편으로는 짜증이 났어요. 게다가 휴대폰까지 땅에 떨어뜨려서 액정이 깨지니까 더 짜증이 났어요."

저는 옆에 있는 남자친구에게 웃으며 말했습니다. "왜 그랬어? 네가 잘못했네."

사실 관계는 갈등을 일으킵니다. 사랑하는 연인이 남녀 차이로 인해 갈등을 겪는 것은 자연스러운 일입니다. 제가 만난 신혼부부 이야기를 나누고 싶습니다.

신랑이 이렇게 말했습니다. "부부가 서로 사랑해서 결혼했으면 행복해야 하는 거 아닌가요? 더욱이 예수님을 믿는 가정이라면 갈등이 생기면 안 되지요." 그는 결혼한 지 3개월

이 되었는데, 아직 한 번도 갈등을 겪은 적이 없다고 자랑하듯이 말했습니다. 그때 저도 모르게 이렇게 말했습니다. "그건 건강한 모습이 아닌데."

결혼과 가족 치료 분야의 세계적인 권위자 데이비드 올슨 박사는 이렇게 말합니다.

> 결혼 생활에서 갈등이 생기지 않아야 한다는 생각은 부부가 함께 행복해질 수 있는 능력을 방해하는 거짓말 중의 하나입니다.[3]

3개월 된 이 신혼부부는 정말 행복한 것이 맞습니다. 저는 전혀 의심하지 않습니다. 그러나 제가 분명히 말하고 싶은 것은 예수님을 믿는 가정이라도 갈등이 생길 수 있다는 것입니다. 갈등이 생기는 것은 이상하거나 비정상적이지 않습니다. 정말 사랑하는 커플이라도 갈등으로 인해 답답하고 아플 수 있습니다.

부부 갈등의 유형은 다양할 수 있습니다. 그런데 갈등을 회피하는 것은 두 사람이 가진 친밀감을 잡아먹는 암세포와 같습니다. 그래서 점점 더 관계가 멀어집니다. 갈등이 생기면 무시하지 말고, 직면할 수 있는 용기를 가져야 합니다.

*

갈등을
회피하다

데이비드 올슨 박사는 관계에서 생기는 문제를 용의 비유로 설명합니다.

한 소년이 자기 집에서 작은 용을 발견합니다. 소년은 어머니에게 용에 대해 이야기했지만 그때마다 어머니는 "그런 용은 이 세상에 없단다" 하고 말했습니다. 용은 어머니와 소년의 무관심 속에 크게 자랐습니다. 마침내 너무 커져서 머리, 다리, 꼬리가 창문과 문 밖으로 나오게 되었습니다. 어머니와 소년이 그 용을 보자 즉시 원래의 크기로 움츠러들어 작아졌습니다. 어머니와 소년이 '용이 어떻게 그렇게 커졌지?' 하며 의아해할

때 이야기의 결론이 나옵니다. 소년은 "아마도 용은 누군가 알아봐 주길 바랐나 봐요"라고 말합니다.[4]

이 이야기는 관계에서 생기는 문제와 갈등이 전하는 내용과 교훈을 알아야 한다고 가르칩니다.

저도 최근에 이와 비슷한 일을 경험했습니다. 배가 너무 아픈데 두통까지 생겨 병원에 갔습니다. 진료 중에 의사에게 물었습니다. "선생님, 배가 아픈데, 왜 머리까지 아픈 걸까요?" 그러자 의사는 이렇게 대답했습니다. "우리 온 몸은 신경으로 연결되어 있는데, 배가 아프다는 것을 두통으로 알려 줍니다. 일종의 신호입니다. 어느 환자는 두통이 너무 심해서 병원에 왔는데 위가 손도 댈 수 없을 정도로 망가진 상태였습니다. 우리 몸은 너무 신비롭습니다." 하나님은 사람을 신묘막측하게 창조하셨습니다.

관계에서 생기는 갈등은 우리에게 경고만 하지 않고 중요한 정보까지 제공합니다. 건강한 관계를 위해 갈등을 알아봐 주기를 바라는 것입니다. 우리에게 신호를 보내는 것입니다. 대화를 요청하는 것이지요. 그럴 때 우리는 회피하지 말고 갈등과 데이트를 해야 합니다. 갈등을 외면한 채 살아가는 부부나 겉으로 행복해 보이는 부부가 오히려 위험합니다.

*
갈등에
화를 내다

갈등을 회피할 뿐만 아니라, 통제 불능 상태인 화(anger)로 해결하려는 사람들이 있습니다. 화산처럼 분출하는 화도 있지만, 깊이 숙성된 화를 갑자기 표출하는 경우도 있습니다. 숙성된 화는 냄새가 나고 관계를 부패하게 만듭니다.

"화(anger)는 위험(danger)보다 한 글자 부족한 단어다"라는 말이 있습니다. 갈등을 겪을 때 우리가 느끼는 감정 가운데 유해한 감정이 있는데, 바로 '분노'입니다. 분노는 위험합니다.

엄정희 교수는 『17일간의 부부항해 내비게이터』에서 분노가 얼마나 유해한지를 과학자들의 실험 이야기로 전합니다.

과학자들이 재미있는 실험을 했다. 부부 싸움을 하면서 나온 악에 받친 입김을 채취하여 검사하자 코브라 독보다 강한 맹독성 물질이 나왔다는 것이다. 실험은 계속되었다. 부부 중 한 사람의 타액을 검사하고 이상이 없음을 확인한 후에 그 사람을 칸막이 속에 가두고 약을 올려 신경질을 내게 한 뒤 타액을 검사했다. 그러자 황소 수십 마리를 즉사시킬 정도의 독극물이 나왔다고 한다. 분노가 얼마나 유해한지 알려 주는 실험이다. 따라서 갈등이 발생할 때, 지혜롭게 해결해 분노의 독이 뿜어져 나오지 않도록 해야 한다.[5]

성경은 분노의 위험성을 아주 단호하게 지적합니다.

분을 내어도 죄를 짓지 말며 해가 지도록 분을 품지 말고 마귀에게 틈을 주지 말라(엡 4:26-27).

분을 낼 수 있지만 오래 품으면 안 됩니다. 분을 숙성하면 안 됩니다. 오래 숙성해서 좋은 음식도 있지만 분은 우리 몸과 마음과 관계를 무너뜨립니다. 또한 분은 죄와 연결됩니다. 분을 내는 것을 단지 감정을 표출하는 것으로 이해하면 안 됩니다. 이것은 죄로 연결될 뿐 아니라, 마귀에게 틈을 주는 것입니다. 부부관계도 분으로 인해 틈이 생깁니다.

성경은 분노, 화, 성냄에 대해 이렇게 말합니다.

사람이 성내는 것이 하나님의 의를 이루지 못함이라(약 1:20).

그런즉 너희는 먼저 그의 나라와 그의 의를 구하라. 그리하면 이 모든 것을 너희에게 더하시리라(마 6:33).

분내는 것과 성내는 것은 단지 성격상의 문제가 아닙니다. 하나님 나라와 하나님의 의를 이룰 수 있느냐가 달린 문제입니다. 사랑하는 남녀가 결혼하여 예수님을 중심으로 가정을 이루고, 주님의 말씀을 다림줄로 여겨 순종하며, 그분을 닮아 가는 걸음이 부부를 통해 이루는 하나님 나라의 의입니다. 분노와 성냄은 그것을 이루지 못하게 하는 죄 된 모습이자 우리가 버려야 할 습관입니다.

우리는 쉽게 분노하게 되는 원인을 갈등에서 찾습니다. 하지만 갈등을 겪는다고 해서 분노로 반응한다면 그 관계는 전쟁터이자 더 이상 살아갈 소망까지 꺾어 버리는 포성임을 명심해야 합니다.

*

갈등 다루기:
잘 싸우는 법

친밀한 사람과 갈등이 생겼다고 해서 그들 사이에 사랑이 없어진 것은 아닙니다. 사실, 친밀한 관계일수록 더 많은 갈등이 생깁니다. 관심과 사랑이 없다면 갈등은 생기지 않습니다. 갈등을 건강한 방법으로 다루면 관계가 더욱 단단해지지만, 잘못된 방법으로 다루면 관계가 무너질 수도 있습니다.

건강한 관계는 갈등이 없는 것이 아니라, 갈등을 어떻게 다루는지에 달려 있습니다. 다시 말해, 부부가 싸우는 것이 문제가 아니라, 잘 싸워야 한다는 말입니다.

그러면 어떻게 해야 잘 싸우는 것일까요?

갈등 해소와 부부 사이의 갈등 유형을 다루는 좋은 책이 많이 있습니다. 우리가 이런 책을 매개로 하여 최우선적으로 배워야 할 것은 남녀 차이입니다. 이것이야말로 잘 싸우기 위한 건강한 정신과 육체를 만드는 지름길입니다.

연애를 하거나 결혼을 하기 전에 반드시 읽어야 할 책은 존 그레이의 『화성에서 온 남자, 금성에서 온 여자』입니다. 이 책의 제목은 한 번쯤 들어 보았을 것입니다. 사실 제목만 이해해도 책의 전반적인 내용을 알 수 있습니다.

'화성(Mars)에서 온 남자, 금성(Venus)에서 온 여자', Mars는 '전쟁'을 의미하고, Venus는 '명성', 즉 아름다움의 대명사인 '비너스 여신상'을 의미합니다. 한평생을 전쟁과 관련된 문화와 생활습관 속에서 자란 남자, 그리고 아름다움을 최고의 미덕으로 여기며 아름다움에 시간과 열정과 투자를 아끼지 않는 세상 속에서 산 여자. 이 둘이 만나 사랑하고 관계를 맺고 본능에 충실할 때, 서로가 경험한 세상과 가치가 다르기 때문에 갈등이 생기는 것은 당연합니다.

심지어 같은 교회에서 오랫동안 신앙생활을 한 연인이라도 신앙의 색깔과 가치가 다를 수 있습니다. 결혼하기 전까지 만났던 사람들과 그로 인해 경험한 가치와 문화, 그리고 무엇보다 부모의 양육 태도와 가족 문화 등을 조금만 생각해 보면, 사랑하는 사이라도 각기 다른 행성에서 살다가 관계를 맺기에 갈등은 당연한 과정입니다.

이 책의 제목을 아는 것으로 만족하지 않기 바랍니다. 실제로 남녀 차이를 잘 알고 있다고 확신하지만 연애를 하거나 결혼을 준비할 때, 서로를 몰라도 너무 모른다고 말하면서 갈등을 겪는 사람이 많습니다. 책을 구입해서 먼저 한 사람이 읽고 나서 연인에게 선물로 주지 말고, 두 사람이 동시에 읽고 만날 때마다 책 내용으로 서로를 알아 가는 시간을 가져 보세요.

예를 들면, 여성이 남성에게 이렇게 질문해 보세요. "29쪽에 보면 '남자는 스트레스를 받으면 점점 초점을 맞추며 안으로 움츠러든다고' 하네. 당신은 스트레스를 받을 때 어떻게 반응해? 당신이 움츠러들어 찾는 곳이 있다면 어디야? 스트레스를 어떻게 해소해?"

남성도 여성에게 이렇게 질문해 보세요. "여자는 갈등이 생길 때 대화로 해결한다고 하는데, 당신은 갈등을 해결하기 위해 누구를 가장 먼저 찾아가? 갈등을 유발한 사람과 대화를 한다면 어느 정도의 시간이 필요해?"

때로는 이렇게까지 해야 하는지 의문이 생길 수 있습니다. 사랑하는 사람에 대해 100퍼센트 안다고 확신한다면 굳이 이렇게까지 할 필요가 있을까요? 사랑하는 사람에게 "얘,

또 왜 이래?"라는 말을 한 적이 없다면, 굳이 서로를 알아 갈 필요는 없을 것입니다. 그러나 입 밖으로 표현한 적은 없지만 몇 번이고 마음속으로 부르짖었다면, 남녀 차이를 인정해야 합니다. 사랑한다고 해서 고민이 모두 사라지거나 사랑으로 모든 것을 자연스럽게 수용할 수 있는 것은 아닙니다.

오히려 남녀가 다름을 감사할 수 있어야 합니다. 이미 결정한 일에 대해 고민하지 말고, 더 잘할 수 있도록 고민하고 시도하는 것이 지혜입니다. 서로를 알아 가세요. 질문을 하고 대화를 해보세요. 사랑하는 사람에게 어느 때보다 관심을 더 갖게 되고, 우리의 감정이 다른 사람들과는 달리 마음과 생각과 감정이 본능적으로 열려 있기 때문에 서로 다른 점을 수용하고 이해하며 배려하기가 좀 더 쉽습니다. 이런 시간을 통해 긴장함이 아닌 당연함으로, 거부감이 아닌 친밀감으로 사랑스러움을 더 경험하게 될 것입니다.

스마트폰으로 싸우지 말자

휴대폰은 전 국민의 필수품이 되어 버렸습니다. 한시라도 손에서 놓지 못하는 스마트폰의 폐해에 대한 문제 제기와 연구가 계속되고 있습니다. 관계에 있어서도 스마트폰의 편리함과 친밀함 속에 숨겨진 메마름과 건조함이 있습니다.

스마트폰은 손 편지와는 비교되지 않을 정도로 즉각적인

감정 표현과 사랑 표현을 할 수 있어서 편리합니다. 마음만 먹으면 언제 어디서든 연락할 수 있습니다. 그래서 상대방이 늘 가까이에 있는 듯한 친밀감을 누립니다. 그러나 아날로그적 감성으로 느낄 수 있는 오감에 대한 아쉬움은 숙제로 남아 있습니다.

저는 커플에게 스마트폰으로 싸우지 말라고 강조합니다. 커플이 서로 마주 본 채 A4 용지 한 장을 사이에 두고 이렇게 말하게 합니다. "○○야, 왜 그러니?"

얼굴을 보고 말하는 것과 얼굴을 보지 않고 말하는 것은 동일한 억양과 말투라도 받아들이는 사람이 다르게 받아들일 수 있습니다. 그래서 얼굴을 보고 말하는 것이 좋습니다. 누구나 한 번쯤은 스마트폰으로 갈등을 해결하려고 하다가 싸운 적이 있을 것입니다. 그러다가 자기 성질에 못이겨 스마트폰을 땅바닥에 던져 박살 내기도 합니다.

스마트폰으로는 정보만 전달하세요. 갈등이 생기면 얼굴을 마주 보고 싸우는 것이 좋습니다. 웬만하면 만나서 해결해야 합니다. 시간과 거리상의 이유로 만나기 어렵다면, 영상 통화라도 하세요. 그래야 말투와 억양으로 인해 오해하지 않을 것입니다.

사실만 가지고 싸우자

싸울 때 지난 이야기를 자꾸 꺼내는 것을 피해야 합니다. 계속해서 지난 이야기를 꺼내는 것은, 그때의 감정과 상함을 마음속에 품고 지금까지 온 것입니다. 이것은 뒤끝이 있다는 정도로 여길 일이 아닙니다. 이런 일이 반복되면 갈등이 생길 때마다 조마조마해집니다. 회피한 것도 아니고, 분노한 것도 아니기 때문입니다. 사실 이런 일이 반복되면, 부부간의 대화가 단절됩니다.

저와 상담했던 결혼 5년차 부부의 일입니다. 아마도 결혼을 준비하는 과정에서 신부가 시댁 식구에게 서운한 일이 있었던 것 같습니다. 부부가 말다툼을 하다 보면, 갈등을 일으킨 주제를 말하다가도 아내가 항상 지나간 감정을 끄집어 내어 주제를 벗어날 때가 있습니다. 그럴 때면 대화가 단절될 뿐 아니라, 남편도 똑같은 감정을 가지고 와서 누가 더 잘못했는지, 누가 더 상처를 입었는지 목에 핏대를 세우게 됩니다. 이것은 잘 싸우는 것이 아닙니다. 서로 상처를 입히는 것입니다.

반드시 기억하기 바랍니다. 갈등이 일어나면 그 시점의 사실만 다루어야 합니다. 시간과 때가 지났으면 숙성하지 말고 쓰레기통에 버리기 바랍니다.

하프타임을 이용하자

하프타임(Half-time)은 축구, 농구, 럭비, 미식 축구 등의 스포츠 경기에서 전반과 후반 사이에 있는 휴식 시간을 말합니다. 이 시간에는 휴식을 취할 뿐 아니라, 전반전에서 무엇이 잘되었고 잘못되었는지를 점검하여 후반전을 준비하는 시간입니다. 후반전을 대비하는 하프타임은 감사와 반성의 시간이자, 회복과 기회를 기대하는 시간입니다.

밥 버포드는 『하프타임』에서 이렇게 말합니다.

당시 중년에 접어들던 나는 위기에 맞닥뜨리기보다는 새롭고 더 멋진 삶이 내 앞에 놓인 것을 발견했다. 나는 그것을 발견하는 과정을 하프타임이라 불렀고, 이 과정은 결국 후반전으로 이어졌다.[6]

전반전을 어떻게 보냈든, 하프타임을 통해 전혀 다른 후반전을 보낼 수 있습니다. 잠시 시간을 가지며 휴식을 취하고, 작전 타임을 가지는 하프타임은 갈등 가운데 있는 부부에게 꼭 필요한 시간입니다.

부끄럽지만 제 이야기를 하려고 합니다. 신혼 초기에 갈등이 있었습니다. 저는 잘 해결하고 싶어서 아내에게 이렇게 말했습니다. "무엇이 기분 나쁜지 말해 봐요." 아내는 어떤 반응도 하지 않고, 침묵으로 일관했습니다. 저는 먼저 손을 내밀고 갈등을 해결하려고 노력하는데, 아무 말도 하지 않고 침묵하는 아내를 보고 더 화가 났습니다. 점점 저의 목소리 톤이 높아졌습니다. 도저히 이런 감정으로 함께 식사를 하고, 잠자리에 들 수 없을 것 같았습니다. 그래서 계속 다그쳤습니다. "뭐가 문제예요? 어떤 것이 기분 나빴어요?"

왜 아내가 아무 말도 하지 않았을까요? 시간이 지나고 나서 아내는 그 이유를 알려 주었습니다. "감정이 정리되지 않아서 말하지 않았어요. 그리고 함께 감정적으로 부딪히는 게 싫어서 침묵했어요." 대체로 남성보다는 여성이 좀 더 지혜로운 것 같습니다. 저는 이렇게 말했습니다. "당신이 그렇게 생각하는지 몰랐어요. 왜 나한테 당신의 생각과 감정을 말하지 않았어요." 그때 저는 하프타임이 필요함을 깨달았습니다. 그리고 우리 부부가 정리하고 적용한 것을 결혼예비학교에서 예비부부들과 나누고 있습니다.

하프타임의 세 가지 원칙은 다음과 같습니다.

① 일단 말다툼을 멈추라

갈등이 생겨서 다투기 시작하면, 부부 중에 누구라도 이렇게 말하세요. "그만! 우리 하프타임 가져요." 이것이 첫 번째 원칙입니다.

다투는 시작은 둑에서 물이 새는 것 같은즉 싸움이 일어나기 전에 시비를 그칠 것이니라(잠 17:14).

하나님은 우리가 갈등에 잘 대처할 수 있도록 잠언의 지혜를 주십니다. 잠언은 싸움이 일어나기 전에, 우리가 통제할 수 없는 전쟁이 일어나기 전에 시비를 그치라고 합니다. 부부 중 한 사람이 먼저 성경 말씀과 원칙을 기억하고 이렇게 외쳐야 합니다. "그만! 우리 하프타임 가져요."

어떤 상황에서도 이 원칙을 지켜야 다음 단계로 넘어가서 잘 싸울 수 있습니다.

② 시간을 정하고 지키라

두 번째 원칙은 시간을 정하는 것입니다. 공소 시효를 지키는 것이 중요합니다.

분을 내어도 죄를 짓지 말며 해가 지도록 분을 품지 말고(엡 4:26).

"해가 지도록 분을 품지 말고." 갈등으로 더 큰 싸움이 일어나기 전에 부부 중 누구라도 하프타임을 외치고 시간을 정할 때는 내일로 미루면 안 됩니다. 갈등이 일어난 그날 해결해야 합니다. 예를 들면, 이렇게 말할 수 있습니다. "하프타임을 두 시간이나 세 시간 가지는 것은 어때요?" 이렇게 서로 대화를 하면서 시간을 정하면 됩니다.

반드시 시간을 지켜야 합니다. 남편이 갈등에 대한 원인을 고민하다가 약속한 시간 전에 정리가 되었다고 합시다. 하프타임을 세 시간 갖기로 했는데, 두 시간 삼십 분경에 아내에게 대화를 하자고 말하면 안 됩니다. 또한 세 시간을 넘겨서도 안 됩니다. 어떤 이유나 핑계를 대지 마세요. 하프타임은 두 사람이 갈등하는 문제를 가장 중요하게 여기고, 그 문제를 해결하기 위해 집중하는 시간이기 때문입니다.

③ 통제하지 말라

마지막으로, 갈등 해소 및 정리 방법을 통제해서는 안 됩니다. 남녀가 갈등에 대한 해석과 해소 방법이 다르다는 것을 인정해야 합니다.

예를 들면, 약속한 하프타임 세 시간 동안 남편은 게임을 하거나 운동을 하거나 사색을 하면서 시간을 보낼 수 있습니다. 아내 입장에서는 남편이 사색을 하는 것은 이해가 되지만, 게임을 하거나 웃고 즐기면서 운동을 하는 것은 이해되지 않습니다. 방금까지 나와 갈등했는데 어떻게 저럴 수 있지 하면서, 이전보다 더 분노가 활활 타오를 수 있습니다.

아내는 어떨까요? 책을 읽으며 마음을 다스리거나 커피를 마시면서 정리한 것을 메모하거나 홈쇼핑이나 백화점에서 쇼핑을 하기도 합니다. 드라마와 예능을 보면서 웃기도 하고, 친구와 통화를 하면서 시간을 보낼 수 있습니다. 남편 입장에서는 아내가 쇼핑을 하거나 TV를 보거나 휴대폰을 붙잡고 있는 모습은 이해되지 않을 수 있습니다.

그러나 서로를 신뢰해야 합니다. 약속한 시간에 자신의 방법으로(단 죄를 짓는 행위는 안 됩니다) 정리할 것이라는 믿음을 가져야 합니다. 또한 갈등에 대한 서로의 접근 방식과 해결 방식이 다름을 인정해야 합니다. 그러고는 하프타임을 가지고 나서 함께 힘을 모아 후반전을 맞이해야 합니다.

밥 버포드는 하프타임에 대해 말하면서, "의미 있는 삶, 정말 중요한 삶은 원하면 얼마든지 얻을 수 있고, 생애 최고의 순간은 아직 오직 않았다"[7]는 사실을 강조합니다. 부부는 갈등을 겪을 수 있습니다. 갈등이 문제가 되지는 않습니다. 잘 싸우면 됩니다. 우리는 더 건강하고 사랑스러운 모습으로 살아갈 수 있습니다. 우리 생애 최고의 순간은 아직 오지 않았습니다. 지금은 그곳을 향해 달려가는 과정일 뿐입니다.

대화의 수준을 높이자

'대화'는 영어로 커뮤니케이션(Communication)인데, 그 어원은 '공통' 또는 '공유'라는 뜻을 가진 라틴어 Communis입니다. munis는 '자기 의무를 다하는 사람'을 뜻합니다. 대화는 저마다의 생각과 감정과 경험 등을 나누는 과정이라고 말할 수 있습니다.

건강한 가정은 부부간이나 부모와 자녀 사이에 진솔한 대화를 자주 나눕니다. 진실하고 솔직하게 대화를 나누는 것은 심리적으로 친밀하다는 것을 의미합니다. 말을 끊임없이 취사 선택해야 하는 인간관계는 거리가 멀다는 것을 의미합니다. 대화가 부족하면 위기가 찾아옵니다.

커뮤니케이션은 대인 관계 기술에 속합니다. 기술이라는 말에서 알 수 있듯이, 우리가 배우고 노력하면 지금보다는 수준 높은 대화를 할 수 있습니다.

한마디 말로 총명한 자에게 충고하는 것이 매 백 대로 미련한 자를 때리는 것보다 더욱 깊이 박히느니라(잠 17:10).

말 한마디의 영향력은 대단합니다. 사랑하는 사람을 만날수록 예수님을 닮아 가는 성장이 있어야 합니다. 말의 수준과 대화의 수준이 함께 성숙할 때, 두 사람의 사랑이 더 깊어지고 온전해집니다.

대화의 수준을 높이는 여러 방법이 있겠지만 여기서는

몇 가지만 간단히 살펴보겠습니다.

① 긍정적인 언어를 자주 사용하라

'지혜로운 결혼 생활'(Smart Marriage)의 창시자 고트만은 이렇게 말합니다.

> 결혼 생활을 불행하게 끝내느냐 또는 행복하게 유지하는냐는 부부 사이에 얼마나 많은 부정적 또는 긍정적 표현을 하고 사는가와 밀접한 관련이 있다. 부부가 행복하려면 서로 긍정적인 언어를 자주 구사해야 한다. 칭찬, 인정, 감사의 말을 통해 배우자를 사랑하고 소중하게 여긴다는 사실을 전달해야 한다.[8]

부부가 행복을 유지하려면 긍정적인 언어를 자주 사용해야 합니다. 세계적인 베스트셀러 작가 켄 블랜차드의 『칭찬은 고래도 춤추게 한다』는 제목만 봐도 칭찬이 가진 힘이 얼마나 놀라운지 알 수 있습니다. 저자는 몸무게가 3톤이 넘는 범고래가 관중 앞에서 멋진 쇼를 펼쳐 보이는 것은 조련사의 긍정적인 태도와 칭찬 때문이며, 우리는 칭찬으로 긍정적인 관계를 만드는 '고래 반응'을 배워야 한다고 주장합니다.

이처럼 긍정적인 언어와 칭찬은 듣는 사람에게 힘을 줍니다. 하지만 때로는 칭찬이 역효과를 가져옵니다.

2014년 EBS 다큐에서 '학교란 무엇인가' 10부작을 반영했는데 그중 6부 '칭찬의 역효과'를 본 적이 있습니다. 〈아이들을 칭찬해 주는 실험〉, 〈어려운 문제와 쉬운 문제 선택하기〉, 〈칭찬 스티커〉 등 세 번에 걸친 실험 결과는 놀라웠습니다. 단순히 칭찬만으로는 자신감을 높여 줄 수 없다는 사실, 과도하고 의미 없는 칭찬은 자신감보다 부담감을 높인다는 사실, 칭찬이라는 보상에만 집중하는 모습 등은 칭찬의 역효과를 확증했습니다.

긍정적인 언어와 칭찬이 에너지를 주는 것은 분명한 사실입니다. 하지만 과도하고 의미 없는 칭찬은 역효과를 가져옵니다. 예를 들면, '예쁘다'와 '고맙다'는 말이 그렇습니다. 아주 긍정적인 말인데도 불구하고 형식적인 말이나 의미 없는 말처럼 들릴 때가 있습니다.

그래서 칭찬에 가치를 심어야 합니다. 칭찬할 때는 가치를 담고 긍정적인 언어를 사용해야 합니다. 예를 들면, "요즘 바쁜 시기인데도 결혼 준비를 함께하려고 애쓰는 네 모습을 보고 나도 함께하기를 힘써야겠다고 생각했어", "혼자서 결혼 준비하는 것이 많이 힘들었을 텐데, 늘 '너와 함께하는 시간을 준비하는 거야'라고 말하는 네 모습을 보면서 난 우리가 결혼해서 함께하는 시간을 꿈꾸게 돼", "내가 하는 일이 단지 돈을 버는 일이 아니라 중요한 일이라서 참 좋다고 말해 줄 때마다 난 맡은 일에 최선을 다하게 돼" 등입니다. 단순한 칭찬이 아니라, 개인의 가치를 담아 긍정적인 언어로 하는 칭찬은 상대방을 춤추게 합니다.

전 생애를 통해 사랑과 나눔을 실천한 고(故) 김수환 추기경의 저서 『바보가 바보들에게』에 '말 한마디'라는 시가 나옵니다.

> 부주의한 말 한마디가 싸움의 불씨가 되고
> 잔인한 말 한마디가 삶을 파괴합니다.
> 쓰디쓴 말 한마디가 증오의 씨를 뿌리고
> 무례한 말 한마디가 사랑의 불을 끕니다.
> 은혜스런 말 한마디가 길을 평탄케 하고
> 즐거운 말 한마디가 하루를 빛나게 합니다.
> 때에 맞는 말 한마디가 긴장을 풀어 주고
> 사랑의 말 한마디가 축복을 줍니다.[9]

그는 방문을 열고 나설 때 바로 보이는 곳에 이 시를 걸어 두었다고 합니다. 이 시는 우리의 말 한마디가 삶을 파괴할 수도 있고, 하루를 빛나게 할 수도 있음을 보여 줍니다. 또한 말 한마디의 결과가 무엇인지 알고, 사랑과 정성과 가치를 담아 말 한마디를 하라고 권합니다.

② 상대방의 언어를 이해하라

남녀 차이는 대화 방식에서도 나타납니다. 여성은 탁구공처럼 핑퐁 대화를 하기 바라지만, 남성은 문제 해결을 위한 대화를 제안하려 듭니다. 그럴 때면 서로 사랑하는 두 사람이 갈등의 평행선을 따라 걸어갑니다.

두란노아버지학교운동본부 김성묵 이사장은 『그 남자가 원하는 여자 그 여자가 원하는 남자』에서 상대방이 느끼지 못할 사랑을 퍼부으면서 최선을 다한다고 생각하는 건 아닌지 돌아보게 하는 글을 소개합니다.

소와 사자가 있었습니다.
둘은 죽도록 사랑합니다.
둘은 결혼해 살게 되었습니다.
둘은 최선을 다하기로 약속했습니다.

소가 최선을 다해서 맛있는 풀을
날마다 사자에게 대접했습니다.
사자는 싫었지만 참았습니다.

사자도 최선을 다해서 맛있는 살코기를
날마다 소에게 대접했습니다.

소도 괴로웠지만 참았습니다.

참을성은 한계가 있었습니다.
둘은 마주 앉아 얘기합니다.
문제를 잘못 풀어 놓으면 큰 사건이 되고 맙니다.
소와 사자는 다툽니다.

끝내 헤어지고 맙니다.
헤어지며 서로에게 한 말…
"난 최선을 다했어!"였습니다.

소가 소의 눈으로만 세상을 보고,
사자가 사자의 눈으로만 세상을 보면
그들의 세상은 혼자 사는 무인도입니다.

소의 세상, 사자의 세상일 뿐입니다.
자기 위주로 생각하는 최선
상대방을 보지 못하는 최선
그 최선은 최선일수록 최악을 낳고 맙니다.[10]

상대방을 이해하지 못하고 배려하지 않는 최선은 최악이

될 수 있습니다. 우리는 관계에서 생긴 갈등을 대화로 풀어 나갈 때 이런 일을 자주 경험합니다. 마음은 그렇지 않은데, 의도는 절대 그렇지 않은데 잔잔하게 시작된 갈등이 토네이도가 되어 관계뿐 아니라 삶을 흔들어 놓을 때가 있습니다. 소와 사자는 사랑했지만 결국 헤어져서도 자기 세상에 갇혀 상대방을 탓하며 살아가는 최악의 모습이 우리 모습일 때가 있습니다.

상대방의 언어를 이해하는 것이 정말 중요합니다. 기독 상담가이자 부부 상담 사역자인 게리 채프먼은 이렇게 말합니다.

> 언어의 차이는 인간 문화의 한 단면이다. 우리가 타문화권과 효과적으로 의사소통하기를 원한다면, 반드시 그 문화권의 언어를 배워야 한다. 사랑도 이와 비슷하다.[11]

상대방의 언어를 이해하는 것은 단순히 제2외국어를 배우고 문화를 학습하는 것처럼 선택사항이 아닙니다. 사랑하는 사람을 더 사랑하기 위해 반드시 배워야 합니다. 상대방의 생각과 감정과 삶을 수용하며 지지하고 반응하려면 그의 언어를 이해해야 합니다. 두 사람이 서로 사랑의 깊이와 넓이를 알고 행복한 미소를 지으려면 상대방의 언어를 이해해야 합니다.

사랑하지만 서로 다른 언어를 가진 두 사람이 만나 가정을 이룹니다. 부부가 서로 사랑하는 마음은 변함없지만 그 마음이 전달되지 않고 오히려 상처와 오해가 쌓여 반복되는 갈등을 겪다가 심한 경우에는 결별에 이릅니다. 사랑하지 않아서가 아닙니다. 사랑이 소통되지 않았기 때문입니다.

게리 채프먼은 많은 부부가 남모르게 겪고 있는 고통을 상담해 왔다고 말하면서 한 부부의 예를 소개합니다.

우리의 사랑은 이제 사라졌습니다. 우리의 관계는 끝났습니다. 이전에는 서로 친밀감을 느꼈지만 지금은 그렇지 않습니다. 우리는 더 이상 함께 사는 것이 즐겁지 않습니다. 우리는 상대방의 욕구를 충족시키지 못합니다.[12]

이 부부의 이야기는 사실 우리 이야기이기도 합니다. 우리가 머리로는 알지만 가슴으로는 외면한 사실이 있습니다. 우리의 사랑이 영원하지 않을 것이라는 사실입니다.

우리는 상대방을 처음 봤을 때의 감정, 두근거렸던 설레임, 사랑에 빠져서 행복했던 감정과 시간이 영원하리라고 믿습니다. 우리의 가슴은 이렇게 말하지만 머리는 사랑에 빠지고 설레는 감정이 영원하지 않다는 사실을 알고 있습니다.

게리 채프먼은 계속해서 말합니다.

우리의 가장 기본적인 감정의 욕구는 사랑에 빠지는 것이 아니라, 본능이 아닌 이성과 선택에서 나온 사랑을 알고 서로 진정으로 사랑받는 것이다. 나는 내 안에서 사랑받을 만한 무엇인가를 보고 나를 사랑하기로 선택하는 누군가에게 사랑받을 필요가 있다. 이러한 사랑은 노력과 훈련이 필요하다. 이것은 만일 배우자의 삶이 나의 노력으로 풍성해진다면 나 또한 정말 서로 사랑하고 있다는 만족감을 느낄 것을 알고, 열심히 배우자의 유익을 위해 노력하고자 하는 선택이다. 이것은 사랑에 빠진 황홀감을 요구하지 않는다. 사실 진정한 사랑은 사랑에 빠진 감정에서 벗어나야 비로소 시작된다.[13]

성경은 사랑이 본능에 빠져 이루어지는 것이 아님을 말합니다.

사랑은 오래 참고 사랑은 온유하며 시기하지 아니하며 사랑은 자랑하지 아니하며 교만하지 아니하며 무례히 행하지 아니하며 자기의 유익을 구하지 아니하며 성내지 아니하며 악한 것을 생각하지 아니하며 불의를 기뻐하지 아니하며 진리와 함께 기뻐하고 모든 것을 참으며 모든 것을 믿으며 모든 것을 바라며 모든 것을 견디느니라(고전 13:4-7).

강조한 부분을 반복해서 읽어 보세요. 사랑은 명사가 아니라 동사입니다. 사랑은 생각으로만 그치지 않고 행동으로 드러납니다. 사랑에는 무엇보다 의지가 포함됩니다.

우리가 상대방의 언어를 배우고 이해하면, 처음 사랑에 빠졌던 감정보다 더 설레이고 더 신나며 더 행복한 미소를 짓게 될 것입니다.

한 가지 제안을 하고 싶습니다. 두 사람이 게리 채프먼의 『5가지 사랑의 언어』 개정판을 함께 읽으면서 상대방의 언어를 연습하고 반복하여 습관으로 삼기 바랍니다. '책을 읽으며 대화하자' 부분을 확인하고, 책을 읽으면서 서로 대화해 보세요. 그 책의 부록에 실려 있는 '5가지 사랑의 언어 검사'[14]를 한 후에 서로 대화하면서 상대방의 언어를 사용할 때 어떤 감정이 들고 어떤 사랑을 느끼는지 나누어 보세요.

5가지 사랑의 언어를 간단히 정리하면 다음과 같습니다.

- 인정하는 말: 격려하고 세워 주는 말을 매일 들어야 하는 사람이 많다.
- 함께하는 시간: 방해받지 않고 서로에게 집중할 수 있는 둘만의 시간이 필요하다.

- 선물: 어떤 사람에게는 이것이 사랑의 언어다. 자신을 주는 것뿐만 아니라 실제적인 선물도 여기에 포함된다.
- 봉사: 요청받지 않더라도 배우자가 원하는 것을 하기로 선택한다.
- 스킨십: 이것이 없으면 사랑받지 못하고 안전하지 않다고 느끼는 사람이 많다.

③ 감정을 잘 표현하라

행복한 부부가 자주 사용하는 의사소통 기술은 '자기주장'과 '나 전달법'(I-message)입니다. 이 두 가지 의사소통 기술은 감정을 표현하는 방법으로 잘 알려져 있습니다.

첫째, '자기주장'을 잘하는 사람은 대체로 배우자의 성격을 좋아합니다. 의사소통 부분에서 만족하며, 갈등을 해결하는 방법에서도 만족합니다. 따라서 갈등을 회피하거나 묻어두지 않습니다. 부부관계를 바라보는 방식에 매우 긍정적인 영향을 줍니다.

둘째, '나 전달법'은 자신의 감정을 솔직하게 표현하는 것입니다. 상대방을 비난하지 않고 사실을 있는 그대로 이야기하기 때문에 상대방이 방어적이 되지 않게 합니다. 나 전달법을 사용하면 서로를 비난하지 않기 때문에 서로를 더 잘 이해할 수 있습니다. 이와 반대로 '너 전달법'(You-message)

은 상대방을 비난하는 말처럼 들리므로 상대방은 방어적이 됩니다.[15]

사실 요즘은 대화법이나 상담이 많이 알려져 있고, 이것에 관한 짧은 강연과 책도 많습니다. 하지만 아는 것에 그치지 말고 실천해야 합니다. 갈등이 생겨서 싸우고 아픔으로 끝나는 커플, 그리고 잘 싸워서 더 단단해지고 사랑하는 커플의 차이는 큰 것이 아닙니다.

많은 사람이 "나도 알아, 내가 모르는 게 아니야"라고 말하지만, 실제로는 나 전달법으로 자신의 감정을 이야기하지 않고 대체로 너 전달법으로 말합니다. 그러면서 상대방이 방어적으로 나오는 것을 못마땅하게 여기고, 자신은 감정을 이야기하는 것이라고 말합니다. 그러나 상대방은 감정으로 이해하기보다는 비난처럼 들려서 움츠러듭니다. 그러다가 소통이 아니라 싸우자고 덤벼서 서로 상처를 받고 결국 이별합니다.

사랑에는 헌신이 필요합니다. 그리고 상대방의 언어를 이해하고 배워야 하는 것처럼, 대화법도 배워야 합니다. 나 전달법과 너 전달법의 예를 몇 가지 들어 보겠습니다.

- 너 전달법: 당신은 친구들 앞에서 나를 무시했어.
- 나 전달법: 나는 당신이 친구들 앞에서 나를 깎아내리

는 말을 했을 때 마음이 아팠어.

- 너 전달법: 당신 책상을 심플하게 좀 치워, 머리도 복잡하면서 그게 뭐야. 주변 정리도 좀 해. 당신 책상을 보면서 항상 거슬렸어.
- 나 전달법: 나는 요즘 당신 머리도 복잡한데, 당신 책상이 어지러운 것을 보니 당신이 더 복잡할 게 염려되고 나도 그런 것 같아.

- 너 전달법: 내가 치마 입는 게 좋다고 했잖아. 왜 바지 입었어? 내가 좋아한다고 말했는데 왜 그래?
- 나 전달법: 나는 당신이 나를 만나러 올 때 치마를 입고 오면, 나를 위해 준비한 것 같아 좋아. 그런 당신과 거니는 것이 즐거워.

여기서 주의할 사항이 있습니다. 너 전달법에는 '항상', '절대', '언제나' 등의 단어가 자주 사용되고, 명령이나 강요와 같은 방식이기 때문에 상대방은 무시와 비난으로 받아들일 수 있습니다. 그리고 나 전달법을 너무 자주 사용하면 감정만 표현하기 때문에 듣는 사람이 피로감을 느끼고 지칠 수 있습니다.

여기에 한 가지를 더 추가하면, 말하지 않아도 표현되는 사랑의 방법이 있습니다. 사실 일상에서는 비언어적 표현이 오해를 불러일으킬 때가 있습니다. 얼굴 표정, 시선 맞추기, 몸 움직임과 자세, 신체 접촉, 거리 활용, 말투나 억양 및 이야기하는 속도 등이 여기에 해당합니다.

정리를 하다 보니, 참 쉽지 않네요. 사랑하면 다 저절로 되는 줄 알았는데 말이지요. 기독교 상담가이자 결혼 전문가인 노먼 라이트는 『사랑의 열쇠』에서 드와이트 스몰의 말을 인용합니다.

대화는 결혼의 심장이다. 그러나 처음부터 능숙하게 대화할 수 있는 부부는 없다. 대화의 기술을 다 준비한 다음에 결혼하는 것이 아니라, 함께 살아가면서 인격적인 대화가 더욱 깊어지는 것이다.[16]

대화하기를 포기하지 마세요. 당신은 사랑받기에 합당한 사람이기 때문입니다. 노래를 하나 소개합니다. 함께 들어 보세요. '대화가 필요해'(더 자두, https://www.youtube.com/watch?v=faPQoNUC4GQ).

결혼예비학교 3주차: 나눔을 위한 질문

1. 결혼 준비를 하면서 갈등이 생길 수 있습니다. 가장 답답했던 상황이나 이유를 나누어 보세요.

2. 에베소서 4장 26-27절을 읽고, 갈등과 분에 대해 가르치는 교훈이 무엇인지 나누어 보세요.

3. '갈등 다루기: 잘 싸우는 법'에서 하프타임 세 가지 원칙(85-88쪽 참조)을 정리하고 설명해 보세요.

4. '5가지 사랑의 언어 검사'(『5가지 사랑의 언어』 개정증보판 231-249쪽)를 통해 서로의 언어를 이해하고 설명해 보세요.

5. 긍정적인 언어에는 가치를 심어야 합니다. 서로 마주 보고 가치를 담아 상대방을 칭찬해 보세요. 칭찬을 들은 느낌을 말해 보세요.

6. '나 전달법'은 자신의 감정을 솔직하게 표현하는 것입니다. 상대방을 마주 보고 자신의 감정을 표현해 보세요.

4.
비자금, 가져도 될까요?

이제 돈에 대해 이야기하려고 합니다. 돈을 좋아하세요? 저는 좋아합니다. 돈을 좋아하지만 사용하는 데는 미숙합니다. 돈에 대하는 우리의 태도와 상관없이 실제로 돈은 우리 인생을 지배합니다. 돈은 우리 삶에서 중요한 부분을 차지합니다. 우리는 깨어 있는 대부분의 시간에 돈을 생각합니다. 수입과 지출, 저축과 투자 등을 생각하는 데 많은 시간을 사용합니다. 행복 조건을 언급할 때도 돈을 강조합니다.

반면에 어떤 사람들은 돈 자체를 악한 것으로 여기며 언급하는 것조차 꺼립니다. 성경을 보면, 돈을 직접적으로 언급하는 구절이 700개가 넘습니다. 예수님의 비유 중 3분의 2가 돈에 관한 것입니다. 달란트 비유, 잃어버린 동전 비유, 밭에 감춰진 보화 비유 등이 그렇습니다. 아마도 당시 사람들이 돈에 관심이 많았기 때문에 예수님은 비유로 삶의 이야기를 하신 것 같습니다.

오늘날을 살아가는 우리의 주된 관심사도 별반 다르지 않습니다. 예수님은 "네 보물 있는 그곳에는 네 마음도 있느니라"(마 6:21)고 말씀하십니다. 돈은 우리 마음을 움직이고 행동하게 하는 직접적인 원인이 됩니다. 사랑으로 결혼을 준비하고 가정을 이루는 부부도 솔직하게 돈 이야기를 해야 합니다.

"혹시 비자금이 얼마나 있나요?" 제가 너무 단도직입적으로 질문했나요? 그러면 질문을 이렇게 바꾸겠습니다. "부부 사이에 비자금이 필요하다고 생각하나요?"

사람들은 이 질문에 대체로 두 가지로 대답합니다. 비자금이 필요하다는 사람과 굳이 필요 없다는 사람으로 나뉩니다. 비자금이 필요하다는 사람은 살아가면서 긴급한 상황, 즉 건강에 문제가 생기거나 사고 등이 일어날 수 있기 때문이라고 말합니다. 또는 배우자 모르게 돈을 사용해야 할 경우나 배우자를 위한 특별 이벤트를 하려면 비자금이 반드시 필요하다고 말합니다.

먼저 비자금과 비상금의 개념을 살펴보겠습니다. 비자금의 사전적 의미는 '세금 추적을 할 수 없도록 특별히 관리하여 둔 돈'입니다. 비자금(秘資金)은 한자 그대로 풀어도 '몰래 모은 비밀 자금'입니다. 비상금은 '뜻밖의 긴급한 사태에 쓰기 위해 마련하여 둔 돈'입니다.

그러므로 긴급한 상황이나 배우자를 위한 특별 이벤트를 대비해 모든 돈은 비상금으로 볼 수 있고, 배우자 모르게 사용해야 할 경우를 대비해 모은 돈은 비자금으로 볼 수 있습니다. 비자금은 없는 것이 좋고, 비상금 유무는 부부가 의논하여 결정할 수 있습니다.

*
돈,
어떻게 생각하세요?

돈에 관한 좋은 책이 많습니다. 대표적으로 『은혜와 돈』, 『돈과 영성』, 『죽기엔 너무 젊고 살기엔 너무 가난하다』, 『돈의 비밀』 등이 있습니다.

    돈에 대해 다루려면, 먼저 돈에 대한 이해가 필요합니다. "돈은 좋은 것일까요? 나쁜 것일까요?" 이 질문에 대답해 보세요.

    돈의 사전적 의미는 '사물의 가치를 나타내고, 상품의 교환을 매개하며, 재산 축적의 대상으로도 사용하는 물건'입니다. 성경은 돈에 대해 어떻게 말할까요?

부하려 하는 자들은 시험과 올무와 여러 가지 어리석고 해로운 욕심에 떨어지나니 곧 사람으로 파멸과 멸망에 빠지게 하는 것이라(딤전 6:9).

선을 행하고 선한 사업을 많이 하고 나누어 주기를 좋아하며 너그러운 자가 되게 하라. 이것이 장래에 자기를 위하여 좋은 터를 쌓아 참된 생명을 취하는 것이니라(딤전 6:18-19).

성경은 돈 자체에 대해 말하지 않고, 돈을 어떻게 사용하느냐에 주목합니다. 돈을 사용하는 방향과 태도가 중요하다고 가르칩니다. 돈이 누군가에게는 파멸과 멸망에 빠지게 하는 수단이 되고, 다른 누군가에게는 참된 생명을 취하는 수단이 됩니다.

존 파이퍼는 이렇게 말합니다.

화폐 자체는 하나님께서 주신 선물입니다. 당신은 그것을 악하게 만들 수도 있고 선하게 만들 수도 있습니다. 우리는 자신이 가치 있다고 여기는 것을 사는 데 돈을 쓸 수 있습니다. 다시 말해, 가치의 양에 대한 상징적 표상인 돈은 도덕적 이슈가 됩니다. 이는 하나님께서 주신 이 선물을 어떻게 쓰느냐에 따라 당신이 추구하는 것이 옳을 수도 있고 그를 수도 있기 때문입니다다. 돈은 우리가 무엇을 가치 있게 여기는지를 보여 주기 위해 사용하는 하나의 문화적 상징입니다. 그것은 우리가 무엇을 가장 소중히 여기는지를 보여 주는 데 쓰는 수단이며, 또 누가 우리에게 가장 소중한 사람인지를 보여 주는 수단입니다. 그런 의미에서 돈의 사용은 예배 행위입니다.[1]

돈 자체가 악이나 죄는 아닙니다. 돈은 우리가 소중히 여기는 가치가 무엇인지 보여 주는 수단일 뿐입니다. 우리가 누구를 예배하는지 분명히 보여 주는 통로입니다. 그래서 우리가 돈에 어떤 가치를 두고 어떻게 쓰는지에 따라 돈이 좋은 것과 나쁜 것으로 판가름납니다.

결혼한 지 2년 된 부부와 상담한 적이 있습니다. 그 아내는 결혼 전과 결혼 후의 남편 모습이 너무 달라서 혼란스럽다고 했습니다. "연애할 때는 자기 체크카드를 주면서 자기 것은 다 내 것이라고 했어요. 그런데 결혼해서는 돈 관리에 지나치게 철저한 남편의 모습을 보고 마음이 상했어요."

이 남편이 왜 이럴까요? 아내를 믿지 못하는 것일까요? 결혼하고 나서 돈에 대한 생각이 달라진 것일까요?

부부는 돈에 대한 가치관과 돈에 어떤 의미를 부여하는지 함께 이야기를 나누어야 합니다. 돈에 대한 가치관이 다르면, 갈등을 겪게 됩니다. 돈을 가볍게 여겨서는 안 됩니다.

실제로 돈 문제는 배우자의 외도 외에 가장 많은 이혼 사유가 됩니다.

미리암 애론드와 새뮤얼 포커는 사람들이 돈에 대해 갖는 네 가지 성향을 다음과 같이 설명합니다.

1. 지위로서 돈!: 돈을 지위로 여기는 사람은 돈이 권력과 인간관계를 유지하는 수단이라고 생각합니다.
2. 안전으로서 돈!: 돈이 안전을 보장해 준다고 여기는 사람은 소비보다는 저축에 관심을 갖습니다.
3. 즐거움으로서 돈!: 돈이 즐거움을 가져다준다고 여기는 사람은 자신이나 다른 사람에게 돈을 쓰면서 기쁨을 얻습니다.
4. 자립으로서 돈!: 돈을 자립 수단으로 여기는 사람은 돈이 다른 사람으로부터 자신의 삶을 독립적으로 유지시켜 준다고 생각하므로 경제적인 자립을 추구합니다.[2]

저는 예비부부에게 사람들이 돈에 대해 갖는 네 가지 성향 가운데 두 가지를 선택하라고 합니다. 그리고 돈에 대한 성향을 서로 나누게 합니다. 부부가 돈에 대한 서로의 성향을 파악하면, 결혼 생활에서 일어날 갈등과 가정의 위기에서 보호를 받을 수 있습니다.

*

돈의
위력

김형익 목사는 『은혜와 돈』에서 존 번연의 『천로역정』 내용을 예로 들며 얼마나 많은 사람이 돈의 유혹에 넘어졌는지 설명합니다.

존 번연은 『천로역정』에서 얼마나 많은 순례자가 돈의 유혹으로 넘어졌는지를 잘 보여 준다. 주인공 크리스천과 동행자 소망이 '안락'이라는 평원에 이르렀을 때, 그 끝에는 '돈'(Lucre)이라고 불리는 은광이 있었다. 데마가 거기서 "별로 힘들이지 않고도 많은 재물을 얻을 수 있다"고 말하며 지나가는 순례자들을 유혹하고 있었다. 존 번연은 설명한다. "전에도 이 길을 가던 사람들 중에 더러는 희귀한 금속인 은을 보려고 옆길로 들어서서 은광의 입구까지 가까이 다가섰다가, 그만 발밑에 디딘 땅이 꺼져 버리는 바람에 죽거나 불구자가 되어 평생을 고생스럽게 보내는 자들이 부지기수였다." 신앙의 길을 걷다가 돈이라는 은광에서 넘어진 순례자는 수없이 많다.[3]

돈을 가볍게만 볼 수 없습니다. 지금도 돈의 유혹에 넘어지는 성도가 많을뿐더러, 부부 관계에 실금이 가서 결국 무너지기도 합니다.

특히 돈에 대한 왜곡된 견해 때문에 돈의 유혹에 빠지는 경우가 많습니다. 예를 들면, "돈은 하나님이 주시는 복의 표시요. 따라서 가난은 하나님이 불쾌해 하시는 표시라는 것"[4]입니다. 이런 견해를 가지고 있으면 부유하지 않은 것과 지금보다 더 누리지 못하는 것으로 상대적 박탈감을 느낍니다. 또한 돈으로 인한 복을 얻으려고 돈의 주체자이신 하나님이 아니라 돈을 사랑하는 것에 빠지기도 합니다.

흥미로운 것은 성경이 다른 어느 주제보다 돈에 대해 분명하고 직설적으로 드러내고 가르친다는 사실입니다. 무엇보다도 돈이 하나님과 대등한 위치에 서 있는 것처럼 보일 때가 있습니다.

한 사람이 두 주인을 섬기지 못할 것이니 혹 이를 미워하고 저를 사랑하거나 혹 이를 중히 여기고 저를 경히 여김이라. 너희가 하나님과 재물을 겸하여 섬기지 못하느니라(마 6:24).

돈을 사랑함이 일만 악의 뿌리가 되나니 이것을 탐내는 자들은 미혹을 받아 믿음에서 떠나 많은 근심으로써 자기를 찔렀도다(딤전 6:10).

어떤 사람들은 어떻게 하나님과 재물(돈)을 겸하여 섬길 수 있느냐 그럴 수 없다고 힘주어 말합니다. 그러나 깊이 들어가 보면, 돈을 사랑하거나 중히 여기는 마음과 태도가 바로 재물(돈)을 섬기는 것입니다. 우리가 돈을 사랑하면, 어떤 선택과 결정을 할 때 하나님보다 돈을 더 중요하게 여깁니다. 이것은 돈을 하나님과 견주는 대상으로 여기고 우리가 먹이를 주어 키우는 것입니다.

김형익 목사는 돈의 위력을 이렇게 설명합니다.

돈은 사람의 마음을 움직이는 위력을 가지고 있다. 하나님께서 우리 마음에 "소원을 두고 행하게" 하시듯(빌 2:13), 돈도 우리 마음에 소원을 주는 힘이 있다는 사실이 정말 놀랍기 그지없다. 돈이 있으면 소원이 생기고 희망도 생긴다. 주께서 "네 보물 있는 그곳에는 네 마음도 있느니라"고 하신 말씀도 돈이 마음을 움직이는 힘이 있음을 암시한다(마 6:21). 즉 돈은 사람의 마음을 훔치는 강력한 존재라는 사실을 인식해야 한다.[5]

놀랍지 않으세요? 우리가 지갑 속에서 꺼내 사용하는 돈이 우리에게 소원과 희망과 살아갈 힘을 줄 뿐만 아니라, 오히려 우리에게 마음과 사랑을 요구한다는 사실이 소름 끼칩니다. 이 모습은 돈이 하나님을 흉내내는 것입니다. 또한 뱀이 하와를 유혹했던 음성과 오버랩됩니다.

너희가 그것을 먹는 날에는 너희 눈이 밝아져 하나님과 같이 되어 선악을 알 줄 하나님이 아심이니라(창 3:5).

사람들은 돈을 많이 가지면 힘을 가졌다고 생각합니다. 자신이 곧 전능한 신이 된 것처럼 여깁니다. 그래서 돈을 가진 사람은 모든 것이 가능하다는 신화가 존재하고, 돈을 축적할 수만 있다면 무슨 일이든 서슴치 않는 무서운 사회가 된 것은 아닐까요?
탁월한 강연자요 목회 상담자인 폴 트립은 이렇게 말합니다.

돈이 있으면 누구에게 신세를 질 일이 없으니 마음대로 결정할 수 있는 독립적인 삶이 가능하다는 망상에 쉽게 빠진다. 스스로 어떤 사람이든 될 수 있고, 무슨 일이든 할 수 있다고 자신한다. 돈이 있으면 나보다 중요한 사람은 없고 내 욕구와 필요, 느낌이 가장 중요하다고 생각하는 이기적인 삶을 산다. 돈은 삶의 현장에서 하나님의 존재와 계획을 망각하고 살게 만드는 원인이 될 수 있다.[6]

돈을 많이 가진 사람은 자신이 하나님이 된 것처럼 착각합니다. 그래서 돈을 사랑합니다. 심지어 누군가의 가치를 얼마만큼 부를 소유하고 있으며, 현재 수입은 어느 정도인지에 따라 평가합니다. 그래서 돈을 얻을 수만 있다면 무슨 일이든 하는 것이지요. 돈의 위력은 엄청납니다.

돈에 대한 위험 신호

재정 상담가로 잘 알려진 래리 버켓은 『돈 걱정 없는 가정』에서 결혼 생활의 위험을 알리는 여러 신호가 있는데, 부부는 이 신호에 주의해야 한다고 강조합니다. 그는 열두 가지 위험 신호를 소개하는데, 여기서는 그중 네 가지를 소개하겠습니다.[7]

위험 신호 1.
남편과 아내의 재정 분리: 자신만을 위한 돈을 가지려는 태도, 속된 말로 '딴 주머니를 차려는 태도'다.

위험 신호 2.

대화 부족: 단기·장기 재정 목표를 세워야 한다. 이런 것을 이야기할 수 없다면 대화가 부족하다는 신호다.

위험 신호 3.

종교적 도피: '나는 공급하시는 하나님을 믿는다'는 종교적 상투 어구에 의지함으로써 도피구를 찾으려 한다.

위험 신호 4.

수입=지출: 저축은 하지 않고, 수입이 간신히 지출과 수지 균형을 이룬다.

연애를 하는 동안 서로가 돈에 어떤 가치를 두는지 알 수 있다면 얼마나 좋을까요? 대부분의 커플은 결혼 전에는 돈에 관한 모든 것을 수용하고 배려합니다. 만남을 위해 지출하기 때문에 마냥 좋기만 할 것입니다. 그러다가 결혼 준비를 하면서 갈등을 겪습니다. 순간순간 돈의 위력을 경험하게 됩니다.

*

돈을
주도하다

그러면 우리는 어떻게 해야 할까요? 앞서 언급한 네 가지 위험 신호가 오면 어떻게 대처해야 할까요? 위험 신호가 오기 전에 예방할 방법은 없을까요?

투명성

래리 버켓은 '남편과 아내의 재정 분리'는 자신만을 위한 돈을 가지려는 목적으로 딴 주머니를 차리는 태도라고 했습니다. 이것은 우리가 앞서 돈에 대해 다룰 때 가장 먼저 언급했던 비자금을 가지겠다는 태도입니다. 몰래 숨기면 안 됩니다. 그 순간 부부 사이에 거짓이 자리 잡게 됩니다. 거짓은 불신으로 자라나고, 작은 틈은 부부 사이뿐 아니라 가정을 무너뜨리는 요인입니다.

만일 양가 부모님께 드릴 수 있는 용돈이 100만 원 있다고 합시다. 그러면 어떻게 나눠 드리는 것이 좋을까요? 지금까지 결혼예비학교에서 만난 예비부부들은 하나같이 50대 50으로 드리는 것이 좋다고 말했습니다. 물론 합리적이고 지혜로운 생각입니다. 그러나 결혼과 부부라는 관점에서 보면, 뭔가 아쉬운 점이 있습니다.

양가 부모님의 형편이 어떤지 모르지만, 만일 한쪽 부모님이 경제적으로 어려움을 겪고 있다면 부부는 50대 50이 아니라 30대 70으로 드릴 수 있을 것입니다. 그런데 합리적으로만 판단한다면, 설날에는 당신 부모님께 70퍼센트를 드렸으니, 추석에는 우리 부모님께 70퍼센트를 드려야 한다는 형평성을 제안하게 됩니다. 옳은 것처럼 보이지만 부부라면 아쉬움이 있는 태도입니다.

왜 그렇습니까? 집안의 어려운 이야기는 부부 사이의 자존심 문제가 아니라, 함께 고민하고 힘써야 하는 부분이기 때문입니다. 이것은 부부가 단기·장기 재정 목표에 대해 이야기하는 것으로만 그치고, 서로의 힘겨움과 아픔을 이야기하지 못함을 의미합니다.

이러므로 남자가 부모를 떠나 그의 아내와 합하여 둘이 한 몸을 이룰지로다. 아담과 그의 아내 두 사람이 벌거벗었으나 부끄러워하지 아니하니라(창 2:24-25).

하나님은 부부가 한 몸을 이루게 하시고, 두 사람이 벌거벗었으나 부끄러워하지 않는 관계가 되게 하셨습니다. 부부는 서로의 아픔을 이야기할 수 있어야 하고, 부끄러워하지 않는 투명성을 가져야 합니다. 돈의 투명성은 우리가 돈을 사랑하지 않고 돈을 주도할 수 있는 방법입니다. 돈은 숨기면 숨길수록 통제할 수 없게 되어 부부 사이를 위험에 빠뜨립니다.

제가 주례를 했던 커플 중에 기억에 남는 이들이 있습니다. 예비 신랑은 사법연수원에 있었고, 예비 신부는 은행원이었습니다. 저는 결혼예비학교를 진행하면서 두 사람에게 투명성에 대해 나누고, 생활숙제로 각자 소유한 통장 사본을 가져오게 했습니다. 예비 신랑의 통장 잔고는 마이너스 5천만 원이었습니다. 저는 예비 신부에게 이 사실을 알고 있는지 물었습니다. 예비 신부는 이렇게 대답했습니다. "결혼 약속을 하고 나서 서로가 오픈해서 알았고, 앞으로 어떻게 갚아 나갈지도 함께 계획을 세웠어요."

돈의 투명성은 서로에게 신뢰를 쌓습니다. 돈에 대해 숨기면 부부 사이에 거짓이 자라고, 불신이 열매를 맺게 됩니다. 숨기면 숨길수록 돈의 유혹과 위력은 더 커진다는 사실을 명심하세요.

특히 돈 문제는 자신이 인생의 주인으로 살겠다는 태도에서 시작됩니다. 돈의 주인이 하나님이심을 알고 부부 사이에 숨기는 것 없이 투명해야 합니다. 돈을 내가 수고한 것의 보상으로만 생각하면 하나님의 은혜를 잊어버리고 돈의 주인 행세를 하게 됩니다. 그러면 배우자에게도 숨기게 됩니다. 다시 한번 강조하지만 돈의 주인은 하나님이십니다. 하나님을 중심에 모심으로써 배우자와 돈 사이에서 투명해야 합니다.

계획성

우리가 신앙생활을 하면서 돈에 대해 배운 내용은 아마도 헌금과 십일조(10의 1)일 것입니다. 그런데 수입의 10의 9는 어떻게 사용해야 할지에 대해서는 배운 기억이 가물가물합니다. 10의 1로 대표되는 십일조와 헌금은 영적인 문제이고, 10의 9는 육적이고 세상적인 문제라고 무의식적으로 구분하는 것은 아닐까요? 이것은 잘못된 생각입니다. 부부가 헌금과 십일조 때문에 갈등을 겪기보다는 10의 9를 사용하는 태도 때문에 갈등을 겪고 파경을 맞기도 합니다.

앞서 언급한 래리 버켓의 돈에 대한 위험 신호—대화 부족, 종교적 도피, 수입=지출—도 이런 이유 때문에 생깁니다. 부부가 돈에 대한 계획을 세우고 함께 만들어 가면 이런 위험 신호를 예방할 수 있습니다.

신앙이 있다고 말하는 부부 가운데 이렇게 말하는 이들이 있습니다. "하나님께서 다 알아서 해주실 거예요." 참으로 안타까운 모습입니다. 만일 우리의 나쁜 습관 때문에 경제적으로 어려움을 겪고 있다면, 하나님은 우리가 그 습관을 버리고 변화되기를 원하십니다.

케니 잭슨은 『연애하기 전, 결혼 공부』에서 이렇게 말합니다.

> 이혼을 촉발하는 첫 번째 원인은 돈을 사용하는 법에 대한 의견 차이입니다. 돈을 관리하는 법을 완전히 바꾸지 않는다면 결혼해서도 좋지 않은 습관이 계속 이어질 것이 분명하고, 이 습관은 부부 갈등의 주원인이 될 가능성이 큽니다.[8]

제가 만난 예비부부 가운데 단기·장기 재정 목표를 함께 세우고 실천하는 이들은 10퍼센트 미만이었습니다. 사실 저도 그 90퍼센트에 해당합니다. 재정적으로 미숙합니다. 심지어 열심히 일하지만 저축은 고사하고 간신히 수입과 지출이 아슬아슬하게 맞아떨어지곤 합니다.

"5백만 원은 어느 정도의 액수일까요?" 요즘은 하루에 커피 한 잔 마시는 것이 일상이 되었습니다. 5백만 원은 5천 원짜리 커피 천 잔 값이고, 3년 동안 하루 한 잔씩 마실 수 있는 돈입니다. 돈의 가치를 생각할 때, 어떤 사람에게 작은 돈이 다른 사람에게는 큰 돈이기도 합니다. 그 반대이기도 하구요. 그렇다면 돈을 무조건 아끼는 것보다는 계획을 세워 잘 사용하는 것이 중요합니다.

돈을 쓰는 방식을 보면 그 사람의 가치관을 알 수 있습니다. 열심히 일해서 번 돈을 허투루 쓰지는 않지만 그릇된 방향, 즉 자신이 주인이 되어 쓸 수 있습니다. 내가 벌었으니 내 마음대로 써야 한다고 여기는 것은 돈의 주인이 하나님이시고 돈을 허락하신 것이 하나님의 은혜라면 그릇된 방향임이 틀림없습니다. 그렇다면 돈을 어떻게 써야 할까요? 돈을 쓰는 원칙은 무엇일까요?

주기도문은 크게 두 부분으로 나뉩니다. 우선순위의 문제로 볼 때, 주기도문은 우리의 필요보다는 하나님의 영광을 먼저 구합니다. 이런 관점에서 주기도문은 돈을 사용하는 방향과 기준이 됩니다. 폴 트립은 『돈과 영성』에서 주기도문으로 돈의 정체성, 돈의 목적, 돈의 용도에 대해 말하면서 돈을 바르게 사용하는 모범을 언급합니다.[9]

수입의 4등분 원칙을 세워 보는 것은 어떨까요? 하나님 사랑, 이웃 사랑, 가족 사랑, 나 사랑으로 4등분하여 수입을 사용하는 것이지요. 예를 들면, 우리 가정에는 이웃 사랑을 위한 수입 원칙이 두 가지 있습니다. 하나는 '사마리아 통장'이고, 다른 하나는 '이웃 사랑 통장'입니다.

'사마리아 통장'은 하루를 마무리하고 남은 동전을 모아 놓는 통장입니다. 현금으로 계산하고 나서 거스름돈으로 받은 동전을 주머니에 하루고 이틀이고 둘 때가 있습니다. 심지어 자동차 안의 동전 바구니에 둘 때가 있습니다. 우리 가정은 그 동전을 모아서 이웃 사랑을 위해 사용합니다. 요즘은 현금을 잘 사용하지 않기 때문에 동전이 잘 모이지 않습니다. 그래서 저는 커피 비용을 모으기 시작했습니다. 하루에 커피를 두 잔씩 마시니까, 일주일에 커피 두 잔에서 네 잔의 비용을 모아 사마리아 통장에 넣습니다.

'이웃 사랑 통장'은 제가 외부에서 말씀 사역을 하거나 수련회를 인도하거나 강의를 하면서 얻은 수입을 모으는 통장입니다. 저는 교회에서 사례를 받기에 외부 사역에서 받는 돈을 이웃 사랑 통장에 넣습니다.

저는 목사이지 경제학자는 아닙니다. 그러나 돈에 대한 계획을 세우고 주도하려면 지혜가 필요합니다. 성경은 분명한 어조로 우리에게 가르칩니다.

지혜 있는 자의 집에는 귀한 보배와 기름이 있으나 미련한 자는 이것을 다 삼켜 버리느니라(잠 21:20).

제가 아는 한 분은 수입과 지출에 대한 자신의 기준이 분명합니다. 예를 들면, 할부는 5개월 이상 하지 않습니다. 할부를 5개월 이상 해야 할 정도로 비싼 물건이라면 돈을 모아서 삽니다. 그리고 한 달 동안 열심히 일한 자신에게 주는 선물(쇼핑 또는 여행)과 저축도 십일조만큼 따로 떼어서 합니다.

이처럼 지출 기준을 세우는 것이 계획성입니다. 각 가정의 상황과 형편은 다르겠지만, 지출 기준을 세우려면 가계부를 기록하면서 3개월 동안의 지출을 항목별로 확인해 보세요. 부부가 서로 소통하면서 가정의 지출 기준을 세우는 것이 지혜입니다.

화폐의 기능과 역사는 초등학교 4학년 교과서에 나옵니다. 하지만 많은 성인이 돈에 대한 이해가 부족한 것 같습니다. 국민연금공단에서 각 개인에게 보내는 안내문에는 '60세까지 납부한 후 받게 될 예상 연금월액'이 나옵니다. 우리는 앞으로 받을 연금액과 물가상승율을 감안해서 아끼고 돈을 모을 뿐만 아니라 지출을 계획하고 수익을 늘리기 위해 공부해야 합니다. 그것을 재테크라고 부릅니다. 하지만 돈을 불리는 목적이 아니라 계획성이 중요합니다.

국민연금공단 안내문에는 다음과 같은 내용이 나옵니다.

20-30대에는 저축하는 습관을 키우고 목돈을 마련하는 시기로 돈을 모으고 운용하는 방법 등에 대한 기본 원칙을 세우고 이를 실천해야 합니다. 〈2030 실천 전략〉 1) 부부가 국민연금에 가입하기 2) 저축을 통해 목돈 마련하기 3) 자산 가치 증식하기 4) 개인연금이나 퇴직연금 등 연금 형태로 추가적인 노후 준비하기

물론 이렇게 하기가 쉽지 않습니다. 저도 그동안 너무 관심이 없었던 것은 아닐까 하고 반성했습니다.

정리하면 이렇습니다. 돈은 하나님이 우리에게 주신 선물인데, 우리의 가치관과 우리가 예배하는 대상을 보여 주는 통로이기도 합니다. 우리는 돈 앞에서 마음가짐과 태도를 분명히 해야 합니다. 돈 문제는 쉽게 볼 문제가 아닙니다. 지혜가 필요합니다. 부부가 돈 문제에 투명해야 합니다. 함께 소통하면서 계획을 세우고 돈을 주도해 나가세요. 돈을 잘 사용하여 부부간의 하나 됨을 더 누리고, 이 땅에서 하나님을 사랑하고 다른 사람을 사랑하는 일에 쓰임받는 기쁨을 누리기 바랍니다.

결혼예비학교 4주차: 나눔을 위한 질문

1. 결혼 준비를 하면서 겪은 갈등과 그 이유를 나누어 보세요.

2. 부부 사이에 비자금이 필요할까요? 그 이유는 무엇인지 나누어 보세요(107-108쪽 참조).

3. 사람들이 돈에 대해 갖는 네 가지 성향(112쪽 참조) 중 자신에게 해당하는 두 가지를 선택하고, 그 이유를 나누어 보세요.

4. 양가 부모님께 드릴 수 있는 용돈이 100만 원이 있다면, 어떻게 배분하는 것이 좋을까요?

5. 돈을 주도하는 한 가지 방법은 투명성입니다. 부부 사이가 투명하지 않을 때 예상되는 갈등 요소나 상황은 무엇일까요?

6. 부부 사이에 투명성을 가지고 수입 계획을 세워 보세요. 단기 및 장기(3년, 5년, 7년, 10년 등) 계획을 구체적으로 세워 보세요.

7. 부부 사이에 투명성을 가지고 지출 계획을 세워 보세요. 4등분(하나님, 이웃, 가족, 나) 지출 원칙을 세워 보세요.

4. 비자금, 가져도 될까요?

5.
성관계,
야한 건가요?

*

이제 성 이야기를 해보려고 합니다. 좀 더 정확하게는 부부 간의 성관계에 대해 다루려고 합니다. 성관계를 드러내 놓고 이야기하는 것이 어색할 수도 있지만 부부 생활과 건강한 가정을 만드는 데 반드시 필요한 주제입니다.

먼저 다음 질문을 생각해 보세요.

질문1. 하나님이 성을 주신 이유는 무엇일까요?

질문2. 부부간의 성관계를 어떻게 하는 것이 건강할까요?

사랑하는 부부이지만 성에 대한 생각을 나누기보다는 불문율처럼 덮어놓는 경우가 많습니다. 곰곰이 생각하고 서로 나누어 보세요. 이 두 가지 질문은 성에 대한 서로의 생각을 이해하는 데 도움이 됩니다.

첫 번째 질문은 이렇게 바꿀 수 있습니다. "하나님이 남녀의 육체적 관계를 허락하신 이유, 즉 부부간의 성관계를 주신 이유는 무엇일까요?"

*
성경이 말하는
성 이야기

여기서는 성에 대한 이야기를 여러 관점으로 설명하기보다는 한두 가지라도 건강한 가정을 이루는 데 필요한 주제를 다루려고 합니다.

태초에 하나님이 천지를 창조하셨습니다. 하나님이 지으신 모든 것을 보시니, 보시기에 심히 좋았습니다. 그분이 창조하신 에덴동산은 부족함이 없었습니다. 하나님은 사람을 에덴동산에 두시고 동산에 있는 모든 나무의 열매는 먹어도 되지만 선악을 알게 하는 나무의 열매는 먹지 말라고 하셨습니다. 그런데 에덴동산과 어울리지 않는 모습이 창세기 2장에 나옵니다.

여호와 하나님이 이르시되 사람이 혼자 사는 것이 좋지 아니하니 내가 그를 위하여 돕는 배필을 지으리라 하시니라. 여호와 하나님이 흙으로 각종 들짐승과 공중의 각종 새를 지으시고 아담이 무엇이라고 부르나 보시려고 그것들을 그에게로 이끌어 가시니 아담이 각 생물을 부르는 것이 곧 그 이름이 되었더라. 아담이 모든 가축과 공중의 새와 들의 모든 짐승에게 이름을 주니라. 아담이 돕는 배필이 없으므로(창 2:18-20).

하나님이 창조하신 에덴동산과 어울리지 않는 모습이 무엇인지 발견했나요? 모든 것이 좋은 에덴동산에서 '좋지 않은 모습', 즉 혼자 사는 아담의 모습이 나옵니다. 사실, 아담은 전혀 부족함을 느끼지 못했습니다. 에덴동산은 파라다이스였으니까요.

아담은 혼자 사는 게 좋지 않다는 것을 몰랐는데 하나님이 깨닫게 하셨습니다. 하나님은 각종 들짐승과 공중의 각종 새를 아담에게 보내 그들의 이름을 짓게 하십니다. 그때 아담은 자신이 이름을 지어 준 모든 가축과 새와 짐승과 다른 점을 깨닫습니다. 자신은 혼자이고, 돕는 배필이 없다는 것입니다.

여기서 우리는 하나님이 성을 주신 이유를 찾을 수 있습니다. 남자든 여자든 혼자일 때 부족함을 느끼고, 함께할 때

온전함을 느낍니다. 하나님은 자기 형상대로 남자와 여자를 창조하셨습니다.

일상 신학의 선구자 폴 스티븐스는 이렇게 말합니다.

> 하나님은 우리를 지으시되 우리 자신을 넘어 그 이상으로 나아가는 존재로 지으셨다. 그것이 바로 성이 존재하는 이유다. 즉 우리는 관계를 맺고 사는 존재로 지음 받았다. 성의 존재 이유는 우리가 관계를 갈망하기 때문이다.[1]

그는 계속해서 말합니다.

> 세상과 교회에서 '성'이 망가졌음을 보여 주는 한 가지 징후는, 사람들이 성을 자기 자신, 자신의 만족, 자신의 즐거움, 자신의 정체성 관점에서 본다는 것이다.[2]

하나님은 우리가 성을 단지 개인의 감정과 쾌락과 추구를 넘어 관계로 이해하기를 바라셨습니다. 나를 위한 것이라기보다 우리를 위한 것으로 성을 사용하기 바라셨습니다. 그래서 우리가 이성을 존중할 때, 하나님이 성을 주신 목적을 이룰 뿐 아니라 성의 신비도 경험하게 됩니다.

성이 망가졌음을 보여 주는 징후는 사람들이 성을 개인

적으로 해석하고 이해함으로써 쾌락으로 사용한다는 것입니다. 사회적으로 문제가 되는 향락 산업과 스와핑 역시 성을 쾌락으로만 이해하는 경우입니다. 그러나 성은 하나님이 쾌락을 위해 주신 선물이 아닙니다.

뉴스에 마약 관련 사건이 많이 나오는 것을 보니 우리나라가 더 이상 마약 청정국은 아닌 것 같습니다. 최근까지도 사회 전반에 퍼져 있는 성폭행 사건은 하루가 멀다 하고 뉴스 기사를 장식합니다. 만취한 상태를 빌미로 일어나는 성범죄, 집단 성폭행은 지금도 사회 곳곳에서 일어나고 있습니다. 이런 일은 성 윤리 의식의 부재와 성을 단지 자기 만족과 쾌락으로 이해하고 즐기기 때문에 일어납니다.

2012년 9월 13일자 조선일보에 이런 기사가 있었습니다.

> 한국여성정책연구원이 중·고교생 4,810명을 대상으로 성의식 조사를 했더니 남학생의 7.4%(197명)가 "여자는 남자가 자신을 거칠게 다룰 때 성적 자극을 느낀다"고 답했다.…남학생의 29%(773명)가 "남자는 돈 주고 성관계를 맺을 수 있다"고 답했다.[3]

이 기사에 따르면, 남녀노소 할 것 없이 성에 대한 인식이 망가져 있습니다. 온 세상이 다 그러니 어쩔 수 없다고 덮어

놓을 문제는 아닌 것 같습니다. 건강하지도 않고 행복하지도 않습니다. 하나님이 주신 목적과 너무나 다릅니다. 우리는 하나님이 주신 성과 성관계를 올바로 이해해야 합니다.

'성'이라고 하면, 먼저 '섹스'(sex)를 떠올립니다. 국어사전에 따르면, 섹스는 '남녀가 육체적으로 관계를 맺음. 남성과 여성 또는 수컷과 암컷의 구별'을 의미합니다. 남녀의 성행위 외에는 더 생각할 것이 없는 정의입니다.

고유명사는 아니지만 미국 드라마에 가끔 나오는 'make love'라는 표현이 있습니다. '포옹하다, 성행위를 하다, 설득하다'는 뜻입니다.

보통 sex는 단순한 육체적 행위로만 다가옵니다. 심지어 동물의 성행위를 표현할 때도 이 단어를 사용합니다. 그러나 make love는 사랑의 복합적인 표현입니다. 사랑을 다른 사람과 비언어적으로 소통할 수도 있고, 모든 좋은 느낌과 생각을 표현하는 단어라고 생각됩니다. 그래서 이 책에서 '성관계'를 표현할 때는 sex보다는 make love를 사용하려 합니다.

*

성관계의
세 가지 요소

하나님이 허락하신 성관계에 대해 살펴보겠습니다. 하나님의 창조 질서 안에서 성관계를 이해하려면 세 가지 개념을 알아야 합니다. '벌거벗음', '한 몸', '마침표'의 개념입니다.

벌거벗음

먼저, '벌거벗음'에 대해 살펴보겠습니다.

> 아담과 그의 아내 두 사람이 벌거벗었으나 부끄러워하지 아니하니라(창 2:25).

이 모습은 아담과 하와가 선악과를 따 먹기 전 연합하여 하나 된 부부의 가장 이상적인 관계성을 보여 줍니다.[4] 부부 사이는 벌거벗었으나 부끄러워하지 않는 친밀한 관계입니다. 이것은 부부가 누리는 특권입니다. 반드시 지켜야 하는 의무사항이 아니라, 즐겁게 누릴 수 있는 특권이라는 것을 명심하세요. 조금만 깊이 생각하면 아주 놀라운 축복이라는 것을 알 수 있습니다.

사랑하는 사람의 몸을 보는 것은 경이로운 일입니다. 상상만 해도 미소가 지어집니다. 남편과 아내가 서로의 몸을 보는 것이 그렇습니다. 물론 강력하게 부정하며 고개를 저을 수도 있습니다. 어린 시절 미술관에 가서 나체 조각상과 누드 그림을 볼 때면 아름다움은 찾아볼 수 없고, 부끄러워 빨리 지나갔던 기억이 있습니다. 이해가 되지 않았습니다. 시간이 흐른 뒤에 미술을 전공하는 이들에게 물어보니, 사람의 몸이 가장 아름다운 선(line)이라고 설명해 주었습니다. 그제서야 저는 예술인들의 마음과 눈을 존경하게 되었습니다. 그들의 마음과 눈은 우리가 알지 못하는 아름다움을 보기 때문입니다. '벌거벗음'의 의미를 알게 되면, 우리도 그들의 마음과 눈으로 보게 되리라고 생각합니다.

"부부가 벌거벗었으나 부끄러워하지 않는다"고 할 때, 육체의 아름다움과 특권이라고 말해도 쑥스러움과 두근거림이 공존할 수 있습니다. 사랑하는 사이라서 가능하다고 쉽게 말할 수는 없겠지요. 벌거벗은 것을 안목의 정욕으로 주목할 수도 있고, 자기 만족을 위해 쾌락의 눈으로 볼 수도 있기 때문입니다. 그러나 부부 됨이 예수님을 닮아 가는 과정이라면, 우리는 부끄러움보다는 두근거림으로 반응할 수 있습니다.

"세상에서 가장 지혜로운 사람은 사랑에 빠진 사람이다"는 말이 있습니다. 결혼에 관한 깊은 지혜와 통찰이 담긴 책을 쓴 마이크 메이슨은 이렇게 말합니다.

> 육체의 경이로움과 영광에는 또 다른 측면이 있다. 그것은 바로 성육신이다. 인간은 하나님을 닮은 '하나님의 형상'(imago Dei)이다. 뿐만 아니라 하나님은 우리처럼 되는 것, 곧 '인간의 형상'(imago homini)이 되는 걸 부끄러워하지 않으셨다.[5]

우리 앞에 벌거벗은 모습으로 서 계신 예수님의 모습을 상상할 수 있나요? 예수님은 쑥스러운 표정을 짓고 계신가요? 부끄러워 얼굴을 붉히고 계신가요? 저는 당당한 모습의 예수님이 보입니다. 저를 바라보시는 시선에 깊은 애정과 따뜻함이 묻어 있는 것 같습니다.

예수님은 인간의 형상으로 성육신하셨습니다. 전능자가 모든 능력과 지위를 잃고 마치 힘이 빠져서 아픈 환자 같은 모습입니다. 다시 말해, 예수님은 성육신으로 벌거벗으셨습니다. 그러나 부끄러운 기색은 전혀 찾아볼 수 없습니다. 하나님의 뜻을 이루신 동시에 우리를 사랑하시기 때문입니다. 우리를 사랑하시기 때문에 인간의 형상으로 벌거벗은 모습을 부끄러워하지 않으셨습니다. 마찬가지로 부부도 예수님의 사랑을 본받고 그 사랑에 힘입어 서로를 바라보는 두근거림으로 벌거벗음을 특권으로 누려야 합니다.

그런데 부끄럽지 않은 것이 일상의 익숙함이 되어 서로 매너를 지키지 않는 경우가 있습니다. 예를 들면, 생리 현상을 당연하게 공유한다든지, 화장실 문을 활짝 열어 놓는 것은 벌거벗었으나 부끄러워하지 않는 것을 오용하는 행동입니다. 그런 배우자에게 성적 욕구를 느끼지 않는다고 말하는 이도 있습니다.

또한 벌거벗는다는 것은 상대방을 완전히 신뢰함을 의미합니다. 상대방에게 자신을 숨김없이 공개하고 보여 줄 뿐 아니라, 전부 준다는 의미가 포함되어 있습니다. 벌거벗는 것은 상대방을 온전히 신뢰함으로 헌신하겠다는 뜻입니다. 헌신의 사전적 의미는 '몸과 마음을 바쳐 있는 힘을 다함'입니다. 몸과 마음이 함께 벌거벗어야 합니다. 몸만 벌거벗는 것이 아니라, 감정과 생각도 벌거벗어야 합니다. 몸과 함께 마음이 벌거벗지 않는다면 그 모든 행동은 거짓입니다.

이에 그들의 눈이 밝아져 자기들이 벗은 줄을 알고 무화과나무 잎을 엮어 치마로 삼았더라. 그들이 그날 바람이 불 때 동산에 거니시는 여호와 하나님의 소리를 듣고 아담과 그의 아내가 여호와 하나님의 낯을 피하여 동산 나무 사이에 숨은지라(창 3:7-8).

이 말씀을 보면, 죄의 발견과 자신이 벌거벗었다는 인식이 동시에 일어났습니다. 벌거벗었으나 부끄러워하지 않는 현상은 단지 부부에게 한정되지 않습니다. 그들은 벌거벗었지만 하나님께도 부끄러움을 느끼지 않았습니다. 벌거벗었으나 부끄러워하지 않는 것은 아담과 하와와 하나님의 가장 친밀한 관계를 보여 주는 표현입니다.[6] 그 관계가 지금 파괴된 것입니다.

우리가 몸을 가리는 주된 이유는 추위 때문이 아닙니다. 에덴동산에 눈발이 날리는 혹한 따위는 없었습니다. 우리가 옷을 입는 것은 죄를 지었기 때문입니다. 그래서 아무리 좋은 옷이라도 우리가 하나님과 인간을 피해 도망치는 더러운 죄인임을 상기시키는 죄수복에 지나지 않습니다.[7] 사랑한다고 말하면서도 벌거벗는 것을 부끄러워한다면, 하나님과 사랑하는 사람에게 몸과 마음을 온전히 헌신하지 못한 거짓과 모순된 모습을 숨기려 하기 때문입니다.

정리하면 이렇습니다. '벌거벗었으나 부끄러워하지 않는

것'은 특권인 동시에 온전한 신뢰와 헌신을 나타내는 사랑의 몸짓입니다. 부부의 가장 이상적인 친밀한 관계성을 보여 줍니다. 그래서 결혼이라는 사랑의 언약을 기초로 부부가 성관계를 가질 때, 벌거벗었으나 부끄러워하지 않게 됩니다. 그때부터 두 사람의 온 존재가 한 몸을 이루게 됩니다.

한 몸

이제 '한 몸'에 대해 살펴보겠습니다.

이러므로 남자가 부모를 떠나 그의 아내와 합하여 둘이 한 몸을 이룰지로다(창 2:24).

고려신학대학원에서 구약학을 가르치는 기동연 교수는 한 몸에 대해 이렇게 말합니다.

"둘이 한 몸을 이룰지로다"는 단순히 성관계를 말하는 것이 아닙니다. 성관계는 순간적인 것이지만, 둘이 한 몸을 이룬다는 것은 예수님께서 마태복음 19장 6절에서 말하는 것처럼 사람이 나눌 수 없는 관계, 즉 영구적인 관계를 의미합니다. 부부의 성은 이것을 상징적으로 나타내는 표현입니다.[8]

한 몸은 하나님이 보증한 관계 안에서 남녀간의 성관계로 이루어짐을 알 수 있습니다. 가정 사역자 월터 트로비쉬는 한 몸에 대해 이렇게 설명합니다.

'한 몸을 이룬다'는 것은 육체적 결합 이상의 의미를 가집니다. 그것은 두 사람이 그들의 몸이나 물질적 소유뿐만 아니라 그들이 가진 모든 것, 즉 사상과 감정, 즐거움과 고뇌, 소망과 두려움, 성공과 실패까지도 함께 나누는 것을 의미합니다. 한 몸을 이룬다는 것은 두 사람의 몸과 혼과 영이 완전히 하나 되면서도 계속 다른 두 사람으로 남아 있는 것을 의미합니다.[9]

분명한 것은, 성관계에 대한 주제를 다루고 있으나, '한 몸'에 대한 이해가 단지 성관계로 국한되는 것이 아니라, 몸과 마음, 뜻과 정성을 포함하여 전인격적으로 완전히 하나 되는 것을 의미한다는 사실입니다.

여기서 우리가 짚고 넘어가야 할 것은, 창세기 3장에서 아담과 하와가 범죄하기 전에 하나님이 성을 창조하셨다는 사실입니다. 하나님은 성을 창조하시고 성을 축복하셨습니다. 정말 놀랍지 않나요?

하나님은 성을 부정적으로 생각하시거나 더럽게 여기시거나 죄와 연관하여 창조하시지 않았습니다. 긍정적으로 창조하셨습니다. 그런데 우리가 성을 자기 만족이나 자기 즐거움과 쾌락으로 사용하면, 하나님의 목적과 다른 방향으로 향하여 탈선하게 되고 나쁜 것이 되며 우리를 추하고 불행하게 만듭니다.

스코트 커비는 『그리스도인의 데이트』에서 이렇게 말합니다.

> 하나님께서는 오직 결혼 안에서만 성이 올바르게 위치할 수 있다고 말씀하십니다(창 2:24; 히 13:4; 고전 7:1-2). 창세기 2장 24절 말씀대로 연합 이전에 떠남이 있었다는 것을 주목하십시오. 결혼은 '성' 이전에 오는 것입니다. 성은 좋고 옳은 것이지만, 올바른 시기에 올바른 관계 내에서 올바른 사람과의 결혼 안에서만 그렇습니다. 그렇지 않은 성관계는 죄가 됩니다.[10]

이해가 되시나요? 결혼한 후에 한 몸을 이루어야 합니다. 하나님이 보증한 관계인 결혼 안에서만 성은 좋고 아름다운 것입니다. 이것이 바로 성을 긍정적이고 아름답게 창조하신 하나님의 의도입니다. 우리는 성에 대해 모호한 시대를 살고 있습니다. 결혼과 가정, 성에 대한 건강한 갈망과 회복은 하나님이 세우신 분명한 기준과 원리를 따라갈 때 일어납니다.

자녀가 꼭 있어야 하나요?

한 교회에서 청년부 리더로 섬겼던 성도가 저를 찾아왔습니다. 우리는 함께 커피를 마시면서 이야기를 나누었습니다. 이제 결혼한 지 2년이 된 그는 이렇게 물었습니다. "자녀 없이 결혼 생활을 하는 건 잘못인가요? 아이 없는 가정은 하나님의 축복을 받지 못한 건가요?"

그는 출산에 대해 고민하는 것 같았습니다. 그래서 저는 그리스도인으로서 자녀가 없는 것 때문에 죄책감이 드는지 조심스럽게 물어보았습니다. 요즘에는 이런 문제로 고민하는 사람이 많습니다.

2004년 2월 17일 시사저널에 〈20-30대 부부의 출산·양육 기피 '현장 중계'〉라는 기사가 있었습니다. 제목은 '아이를 또 낳는 것은 나를 두 번 죽이는 일'입니다.

서울 신당동에 사는 회사원 김진숙 씨(30)는 매일 아침 전쟁을 치른다. 다섯 살 된 현민이와 세 살짜리 수민이를 '깨우고 씻기고 먹이고 입혀' 어린이집에 맡기고 일터로 나가기 위해서다. 두 아이를 어린이집에 맡기는 시각은 아침 8시 30분. 어린이집 보육교사에게 아이들을 맡긴 뒤 '아침밥을 먹었는지, 배변은 했는지, 아픈 데는 없는지' 일일 점검표에 기록한다. 김 씨는 퇴근 후 저녁 7시 30분까지 아이들을 데리러 다시 어린이집으로 가야 한다(가끔 남편이 맡을 때도 있다). 김 씨 부부는 그래도 좋은 환경을 갖춘 삼성어린이집에 입학시키기 위해 꼬박 1년을 기다려야 했다.

최근 서울시가 '만 두 살 이하의 셋째 자녀를 둔 가정에 매달 평균 보육비 28만 원을 지급하겠다'며 가임기 여성에게 출산을 장려하고 있지만, 두 아이를 키우기도 벅찬 김 씨는 셋째 아이 출산은 생각해 본 적이 없다. 무엇보다 경제적 부담이 크기 때문이다. 맞벌이를 하는 김 씨 부부의 한 달 수입은 도시근로자 가구로서는 중산층 수준인 6백만 원이다. 그 가운데 매달 2백만 원 가까운 돈이 두 아이의 양육 비용으로 지출된다. 김 씨는 둘째 수민이가 초등학교에 들어가면 직장을 그만두어야 할지 고민하고 있다. 김 씨는 "자녀 둘을 낳은 것을 후회하지 않지만 직장 다니며 둘을 키우기가 너무 힘들다"고 말했다.[11]

출산과 양육을 기피하는 현상은 경제적 부담 때문에 일어납니다. N포세대(연애, 결혼, 출산, 내 집 마련, 인간관계, 꿈, 희망 포기)로 불리는 20-30대 청년들이 결혼과 출산을 포기하는 현상과 같은 이유입니다. 또 다른 부부들은 '경력 단절', '노후 대비를 위해 맞벌이를 포기할 수 없다', '아이가 행복하기 힘든 사회', '지금 이대로 부부만 즐기기 원한다' 등의 이유로 출산을 포기합니다.

결혼한 지 7년 된 불임부부가 저를 찾아왔습니다. 이들은 시험관 아기 시술을 몇 번이나 시도했지만 결국 실패하고 낙심한 상태였습니다. 힘을 다해 수고하고 노력했지만 자녀를 출산할 수 없다는 자책감에 사로잡혀 있었습니다.

또 한 부부는 늦은 나이에 사랑하는 사람을 만나 가정을 이루었지만, 노산의 위험과 남편의 질병 때문에 자녀를 갖지 못하고 있었습니다. 이 부부도 저에게 같은 질문을 했습니다. "자녀가 없는 게 잘못인가요? 출산하지 못하는 부부는 건강한 부부라고 할 수 없나요?"

지금 우리 사회에서 출산은 쉽지 않은 문제입니다. 그러나 우리는 쉽지 않은 상황과 문제 속에서도 우리 삶과 가정을 이끄는 기준인 하나님의 말씀을 살펴보아야 합니다.

마침표

저는 이 질문에 대한 고민을 월터 트로비쉬의 말을 인용하여 나누려고 합니다.

> 자녀는 하나님의 축복입니다. 성경은 그것을 여러 번 강조합니다. 자녀는 결혼에 있어서 하나의 축복이지만, 부가적인 축복입니다. 하나님께서 아담과 하와를 만드셨을 때, 그들에게 복을 주시고 이렇게 말씀하셨습니다. "생육하고 번성하라"(창

1:28). 히브리어 성경을 볼 때, 이 명령은 복을 주신 행동에 대한 부가적인 행동이 분명합니다.[12]

"생육하고 번성하라"는 말씀을 자녀 출산에 적용할 때가 많습니다. 실제로 자녀는 하나님의 축복이지만, 결혼에 있어서 하나의 축복이고 부가적인 축복입니다. "생육하고 번성하라"는 명령은 자녀 출산에 국한된 말씀이 아닙니다.

월터 트로비쉬는 "이러므로 남자가 부모를 떠나 그의 아내와 합하여 둘이 한 몸을 이룰지로다"(창 2:24)라는 말씀으로 설명을 이어 나갑니다. 떠나고, 연합하고, 한 몸을 이룬 다음에는 "마침표"라고 말하면서 결혼에 대해 설명합니다.

성경에서 결혼의 필수적인 요소들을 열거할 때, 자녀를 일부러 언급하지 않았다는 것은 의미심장한 일입니다. 떠나고, 연합하고, 한 몸을 이루는 것으로 충분합니다. 그리고 마침표. 비록 자녀가 없다 하더라도 한 몸으로 연합하는 것은 의미 있는 일입니다. 이 마침표는 자녀가 결혼을 진정한 결혼으로 만드는 요소가 아님을 의미합니다. 자녀가 없는 결혼 역시 완전한 의미를 지닌 결혼입니다. 마침표는 임신하지 못하는 것이 이혼의 이유가 될 수 없다는 것을 의미합니다. 자녀가 없다는 이유로 결혼에 있어서 연합의 요소를 깨뜨리는 것은 정당화할 수 없으

며, 그것으로 결혼의 합법성에 의문을 던질 수도 없습니다.[13]

"아이 없는 가정은 하나님의 축복을 받지 못한 건가요?"라는 질문의 대답으로 "마침표"가 어떻게 받아들여지나요? 트로비쉬의 말에 다시 주목하기 바랍니다. "자녀가 없는 결혼 역시 완전한 의미를 지닌 결혼입니다." 하나님은 창세기 2장 24절에서 남녀가 한 몸을 이루게 하시고 마침표를 찍으셨습니다. 하나님이 찍으신 마침표입니다. 더 이상의 설명이 필요 없습니다.

또 하나의 질문이 남아 있습니다. "자녀 없이 결혼 생활을 하는 건 잘못인가요?" 충분히 "마침표"로 대답은 되었지만 좀 더 명확한 설명이 필요해 보입니다. 이 질문에 대해서는 폴 스티븐스의 말을 들어 보겠습니다.

> 자녀가 없는 부부도 이 땅에서 경건한 믿음의 공동체일 수 있다. 그러나 자기중심적인 이유로 자녀 출산을 거부하는 부부는 하나님이 생각하는 부부 공동체, 곧 "생육하고 번성"(창 1:28)해야 할 남자와 여자에 미치지 못하는 것이라 하겠다.[14]

자녀가 없는 부부도 온전한 가정입니다. 자녀가 없는 다양한 이유가 있을 것입니다. 그러나 자기중심적인 이유로 자녀 출산을 거부하는 것은 잘못임을 분명히 밝힙니다.

정리하면, "생육하고 번성하라"는 말씀은 자녀 출산에 국한된 것이 아니라, 부부간의 성관계로 인한 즐거움과 기쁨을 보너스로 주시는 말씀입니다. 부부간의 성관계는 가장 깊은 하나 됨을 경험하는 신비입니다. 그리고 부부관계는 그리스도와 교회의 하나 됨, 삼위일체 하나님의 교제의 신비를 나타냅니다.

지금까지 하나님이 성을 주신 이유, 즉 하나님이 부부간의 성관계를 주신 이유를 함께 살펴보았습니다. 이제는 부부간의 건강한 성관계, 즉 즐거운 성관계(making love)를 누리는 것에 대해 몇 가지 살펴보겠습니다.

*

성관계가
필요하다

성경은 결혼 자체가 한 몸, 부부간의 한 마음을 만들어 낸다고 약속하지 않습니다. 결혼 서약만으로는 부부간의 한 몸을 만들 수 없습니다. 성관계를 통한 몸의 결합이 남녀를 한 몸으로 만듭니다.

> 창녀와 합하는 자는 그와 한 몸인 줄을 알지 못하느냐(고전 6:16).

이 말씀은 그리스도께 속한 사람이 어떻게 창녀와 하나 된 존재가 될 수 있느냐는 말씀입니다. 성관계는 둘이 한 육체가 되게 합니다. 부부가 하나 되기 위해서는 성관계가 필요합니다.

성관계는 부부가 되기 위한 필요조건입니다. 남녀 사이의 가장 깊은 소통입니다. "생육하고 번성하여 땅에 충만하라"(창 1:28)는 말씀은 성관계를 통해 자녀를 출산하라는 말씀이 아니라, 성관계로 인한 즐거움과 기쁨이 담긴 하나님의 선물입니다.

성관계는 단지 쾌락을 위한 것도 아니요. 사랑하는 사람끼리 하는 게임도 아닙니다. 요즘은 많은 사람이 성관계를 가볍게 여깁니다. 이는 성관계와 더불어 결혼을 오염시키는 사탄의 전략입니다. 기독교 변증가 C. S. 루이스는 『스크루테이프의 편지』에서 이렇게 설명합니다.

> …'한 몸'이란 사실 성교(성관계)의 진짜 의미를 알기 쉽게 표현한 말일 게야. 하지만 우리는 인간들이 '한 몸'이라는 걸 '사랑에 빠지는 일'에 대한 수사학적 찬사로 받아들이게 할 수 있다.[15]

부부가 한 몸이 된다는 것은 성관계가 필요함을 의미합니다. 그런데 사탄은 그것을 '사랑에 빠지는 일'과 같이 추상적이고 고상한 것으로 만들어 버립니다. 실제로 부부는 결혼의 테두리 안에서 성관계를 통해 기쁨과 즐거움을 누리고 자녀를 낳음으로 생육하고 번성하는 가정을 이룹니다.

또한 부부는 결혼의 현실을 직시하고 울기도 하며 갈등을 겪기도 합니다. 수고하고 헌신하면서 서로를 닮아 갑니다. 종국에는 부부가 예수 그리스도를 닮아 가는 과정을 경험합니다. 그런데 사탄은 단지 '사랑에 빠져서' 결혼한 것이고, 두 사람은 행복할 것이라는 잘못된 신화에 빠져들게 만듭니다.

성관계를 통해 부부가 한 몸을 이룹니다. 성관계는 단지 '사랑에 빠져서' 하는 고상한 행위나 개인의 즐거움을 위한 게임이 아닙니다. 하나님은 부부간의 성관계를 통해 두 사람의 모든 존재가 하나, 즉 한 몸이 되게 하셨습니다. 이것은 하나님의 비밀입니다.

> 그러므로 사람이 부모를 떠나 그의 아내와 합하여 그 둘이 한 육체가 될지니 이 비밀이 크도다. 나는 그리스도와 교회에 대하여 말하노라(엡 5:31-32).

부부의 성관계는 하나님이 주신 기쁨이고 즐거움이요 행복을 경험하게 하는 결혼의 신비요 비밀입니다. 신혼인데 성관계 횟수가 적은 부부가 있는 반면, 결혼한 지 10년이나 20

년이 되어도 행복한 부부 생활을 하는 부부가 있습니다.

성관계는 결혼의 전반적인 건강과 행복을 나타내는 좋은 지표가 될 수 있습니다. 친밀한 관계를 유지하는 부부는 만족스러운 성관계를 합니다. 행복한 부부는 성에 대해 열린 마음을 가지고 있으며, 정서적 친밀감을 바탕으로 솔직하게 의사소통을 하면서 성관계를 누립니다.[16]

그러나 불만족스러운 성관계를 하고 있다면 어떻게 해결해야 할까요? 원인은 다양할 수 있습니다. 부부 사이에 신뢰가 깨어졌거나, 재정적 어려움으로 스트레스가 있거나, 자녀 양육의 문제가 있거나, 심각한 갈등이 있을 수 있습니다. 이런 것은 하나하나 해결이 필요해 보입니다만, 여기서는 성관계에 대한 남녀 차이를 살펴보면서 해결해 보겠습니다.

언젠가 미국 드라마를 본 적이 있습니다. 일반 회사원인 남편과 대학병원 응급실 의사인 아내의 이야기입니다. 서로의 눈빛만으로도 좋아 죽고, 식탁에서 밥을 먹든 거실에서 커피를 마시든 때와 장소를 가리지 않고 사랑을 표현하는 신혼부부입니다. 어느 날 아내가 근무하는 대학병원 응급실이 사건사고로 아수라장이 되어 사흘이 지나서야 퇴근할 수 있었습니다. 남편은 사랑하는 아내가 안쓰럽고 사랑스러웠을 것입니다. 아내는 자기를 안아 주며 위로해 주는 남편의 사랑이 좋았습니다. 두 사람은 사랑을 나누었습니다. 그런데 전혀 예상하지 못한 일이 일어났습니다. 사랑을 나누는 중에 아내가 잠이 든 것입니다.

여기서 잠시 우리 이야기를 하면 좋겠습니다. 솔직하게 대답해 보세요. 만약 사랑을 나누다가 아내가 잠든다면 어떤 느낌이 드세요? 3일 동안 기다렸던 아내와의 시간인데, 사랑을 나누는 데 잠든 아내의 모습이 어떻게 보일까요?

대부분의 예비 신랑은 아내가 안쓰럽기도 하지만, 자신이 무시를 당한 느낌이 들고 자신과의 관계를 소중히 여기지 않는 듯해서 마음이 힘들 것 같다고 말했습니다. 3일 동안 기다렸던 아내와의 시간이고, 사랑을 나누던 것을 늘 생각했던 남편의 입장에서는 조금은 이해가 됩니다.

그런데 예비 신부의 입장은 달랐습니다. "어떻게 무시했다고 생각할 수 있느냐"라고 말합니다. 사랑하지 않았다면 성관계를 하지 않았을 텐데, '사랑을 나누면서 잠들 정도로 피곤하겠구나' 하고 사랑스런 눈빛으로 바라봐야 하는 것 아니냐고 대뜸 화를 냅니다. 아내 입장에서는 자기 컨디션을 배려하지 않고 성관계만 생각하는 말에 오히려 황당해하며 남편의 생각을 무시할 것 같습니다.

다시 미국 드라마로 돌아가 보겠습니다. 두 사람은 결국 이 사건을 계기로 이혼을 합니다. 어떻게 그럴 수 있느냐고 하겠지만, 사실 드러나지 않을 뿐이지 우리 주변에도 이 드라마 같은 일이 빈번하게 일어납니다. 이 이야기는 성관계에 대한 남녀 차이를 이해하고 배워야 함을 알려 줍니다.

성관계에 대한 남녀 차이

일반적으로 여성은 성관계를 통해 남성이 실제로 사랑하는 것보다 더 많이 사랑한다고 확신합니다. 여성에게 성관계는 사랑과 연결되어 있기 때문입니다. 그러나 남성은 성관계의 횟수가 중요하며, 초기에는 성관계를 가지려고 사랑을 표현하기도 합니다. 이외에도 성 인식의 차이, 신체적 차이, 성적 리듬의 차이, 개인의 기분과 감정 등이 성관계에 영향을 미칩니다.

한 신혼부부와 상담한 적이 있습니다. 냄새에 민감한 아내에게 거절당한 남편의 이야기입니다. 부부가 주말에 삼겹살을 맛있게 먹고 나서 분위기를 잡고 사랑을 나누려 합니다. 그런데 배가 너무 부르고 머리카락에서 사라지지 않는 삼겹살과 마늘 냄새로 분위기가 잡히지 않는 아내, 그와 반대로 분위기를 잡고 사랑을 나누려는 남편, 결국 아내의 거절로 고개를 숙인 남편이 저를 찾아왔습니다.

이 이야기는 부부간의 성관계와 만족도에 영향을 미치는 요소가 여러 가지라는 것을 알려 줍니다. 또한 성관계에 대한 남녀 차이를 이해해야 즐거운 성관계를 가질 수 있음을 알려 줍니다.

성관계에 대한 남녀의 차이를 도식화하면 다음과 같습니다. 남성은 섹스 〉 몸 〉 마음 순으로 반응합니다. 그러나 여성은 마음 〉 몸 〉 섹스 순으로 반응합니다. 남성은 성관계를 통해 몸이 반응하고 그로 인해 마음의 만족을 느낍니다. 반면, 여성은 먼저 마음이 열려야 몸이 반응하여 성관계를 가집니다.

여성은 아직 마음이 풀리지 않고 갈등이 해결되지 않았는데 남성이 화해의 방편으로 성관계를 하려는 태도를 아주 싫어합니다. 이런 일이 지속적으로 반복되면 여성은 성폭행을 당하는 기분을 느낄 수 있음을 남성은 명심해야 합니다.

그런데 여성이 마음의 준비가 되고 갈등이 해결되었다면, 남성에게 성관계를 가질 준비가 되었다고 말하는 용기도 필요합니다. 물론 성관계에 대해 여성이 먼저 표현하기 어려울 수 있습니다. 그럼에도 성관계를 위한 스킨십과 눈빛을 보내는 지혜가 필요합니다. 갈등 가운데 있지만 성관계를 통해 남성은 안정감을 누리며 화해를 경험합니다.

여성이 남성에 대해 간과하는 것이 있습니다. 좀 더 구체적으로 말하면, 결혼 생활을 유지하고 있는 아내가 남편에 대해 명심해야 할 것이 있습니다. 대부분의 남성은 어느 정도 정욕과 싸우고 있다는 사실입니다.

남편은 아내에게 끊임없이 사랑과 인정을 받고 싶어 하는 어린아이와 같습니다. 이것은 성관계에도 적용할 수 있습니다. 남편이 항상 주도하는 것이 아니라, 아내가 갈망하는 경우에는 흔히 '내가 아직 죽지 않았구나, 여전히 매력적이구나, 아내에게 내가 필요하구나' 등의 확신으로 사랑과 열정이 가득한 존재로 다시 태어납니다. 그 후로 남편은 아내에게 사랑과 인정을 받는 사람이 되기 위해 자신을 관리합니다. 자신감 있는 모습으로 아내 앞에 섭니다.

결혼한 지 5년 된 부부와 대화를 나눈 적이 있습니다. 이런저런 이야기를 나누다가 자연스럽게 제가 요즘 부부관계는 어떤지 물었습니다. 그러자 남편이 이렇게 말했습니다. "저는 사랑을 많이 받고 있습니다." 그래서 저는 "아내가 잘해 주는가 보네"라고 말했습니다. 그러자 남편이 이렇게 말하는 것이 아닙니까? "사랑을 나눌 때 아내가 저를 원하고 때로는 적극적으로 주도하는 모습을 보니 저는 사랑받고 있습니다." 그 순간 부끄러움은 그 아내와 저의 몫이었습니다. 남편은 곧바로 아내를 칭찬했습니다. 이 부부가 사랑과 감사를 표현하며 사는 모습을 보니 미소가 저절로 지어졌습니다.

섹스리스 부부 이야기

2018년 5월 31일자 중앙일보[17]에 따르면, 한국인의 성생활 만족도가 세계 최하위권에 머물러 있는 것으로 나타났습니다. 응답자의 성관계 및 자위 만족도·빈도, 성적 능력, 파트너와의 교감 등을 종합 평가한 성생활 만족도 지표(The Good Sex Index)에서 한국은 40.7점으로, 조사 대상 18개국 중 17위를 차지했습니다. 조사국 평균은 62.3점이었습니다. 한국인의 성생활 만족도 중 가장 낮은 부문은 '성관계 빈도'였습니다. 37퍼센트의 응답자만이 만족할 만큼 성관계를 하고 있다고 밝혔습니다. 성관계 빈도는 한국뿐 아니라 전체 조사 대상 18개국에서도 가장 만족도가 낮은 요소였습니다.

성관계 빈도가 부부관계에 영향을 미친다면, 섹스리스(sexless)에 대해서도 생각해 보면 좋겠습니다. 섹스리스 부부란 딱히 정해진 명확한 규정은 없지만, 대개 한 달에 한 번도 부부관계를 갖지 않는 부부를 말합니다. 한국경제매거진(2018년)에서 한 연구 따르면, 2017년 섹스리스 부부가 일본은 47퍼센트가 넘었고, 우리나라는 35퍼센트가 넘었다고 합니다.

어떤 사람들은 서로에게 더 이상 끌림이 없는 섹스리스 부부가 가장 위험한 부부라고 말합니다. 그러나 앞서 언급한 남녀 차이로 인해 섹스리스를 경험하기도 합니다. 섹스리스 부부의 원인은 다양합니다. 너무 바쁜 일상과 사회 변화가 대표적인 이유입니다. 맞벌이 부부가 45퍼센트 정도 되기 때문에 직장과 아이들에게 투자하는 시간이 너무 많습니다. 부부가 일상에서 서로에게 집중할 시간과 힘이 부족합니다.

소셜 네트워크의 폐해

부부가 직장에 관한 일은 서로 간섭하지 않고, 자녀에 대해서는 주로 양육비 관련 대화를 하고, TV를 보거나 SNS(트위터, 페이스북, 인스타그램 같은 소셜 네트워크 서비스)를 하다가 잠이 듭니다.

  카페나 식당에서도 연인이나 외식하러 온 가족이 서로 얼굴을 마주 보고 대화하지 않고 스마트폰으로 SNS나 게임 등을 하는 모습을 쉽게 볼 수 있습니다. 부부도 같이 식사를 하거나, 거실 소파에 앉아 있거나, 함께 침대에 누워 있더라도 서로를 바라보지 않고 자신의 스마트폰만 봅니다. 바로 옆에 있는 배우자가 아닌 다른 사람의 삶을 들여다보며 시간을 보냅니다. 결국 부부간의 설레던 감정도, 성관계로 이끄는 감정도 사라져 버립니다.

  결혼, 가정, 아동 분야의 전문 치료사인 노먼 라이트는 결혼 소송의 20퍼센트가 페이스북에 올라온 내용 때문에 일어난다고 말합니다. 그는 부부가 페이스북이나 다른 SNS에 사용하는 시간을 통제해야 한다고 강조합니다. 과거에 알던 사람을 직접 찾기는 어려워도 낭만에 취해 온라인으로 다시 연결하여 불륜에 빠지기는 너무 쉽기 때문입니다. 노먼 라이트는 『페이스북과 결혼』의 저자 제이슨 크래프스키와 켈리 크래프스키의 글을 인용합니다.

당신은 지금 페이스북에서 무슨 일이 일어나고 있으며, 결혼을 보호하려면 어떻게 해야 하는지 알아야 한다. 더 나은 결혼 생활을 위해 페이스북에 쓰는 시간을 어떻게 줄일 건지, 혹은 페이스북으로 인해 점화된 '옛' 감정과 같은 문제를 효과적으로 해결할 방법을 찾기 위해 도움을 받아야 한다.

소셜 네트워크 이용에 관한 몇 가지 원칙을 제시한다.
1. 당신의 배우자에 대해 좋지 않은 이야기를 올리지 말라.
2. 당신에게 속마음을 털어놓는 사람들에 대해 지혜롭게 처신하라.
3. 단순한 감정 교류라 하더라도 과거의 배우자나 애인과는 친구가 되지 말라.[18]

부부가 더 이상 성관계에 대한 기대와 끌림이 없는 것은 아주 심각한 문제입니다. 섹스리스 부부는 그렇지 않은 부부보다 이혼할 확률이 높습니다. 물론 성관계의 빈도와 횟수가 부부관계에 영향을 미친다는 통계가 일반화될 수는 있습니다. 하지만 그렇다고 해서 성관계를 단지 부부간의 의무로 이해하고 강요하는 것은 사랑하는 두 사람에게 부자연스럽습니다.

*

즐거운 성관계
: Making Love

사랑하지만 성관계를 가질 수 없는 상황이라면 어떻게 해야 할까요? 성관계의 빈도와 횟수가 부족한 부부는 모두 헤어져야 할까요? 다른 방법은 없을까요?

아내가 임신했을 때 남편이 외도하는 경우가 가장 많다는 통계를 한번쯤은 들어보았을 것입니다. 의사들은 임신 9개월까지 성관계를 가져도 된다고 말합니다. 그러나 아내 입장에서는 배가 남산 만하게 불러서 여간 불편한 게 아닙니다.

남편이 외도하는 또 다른 경우는 첫아이를 양육할 때라고 합니다. 초보 엄마로서 양육도 처음이고, 너무 지쳐서 남편을 돌보는 일도 소홀하게 되고, 부부간의 성관계도 하지 못하기 때문입니다. 그리고 아내가 월경 중일 때 남편이 외도하는 경우가 많다는 통계도 있습니다. 같은 남자 입장에서 보기에도 무식하고 못된 짓이라고 생각합니다.

남성에 대한 분노를 잠시 잠재우고, 다음과 같은 상황에 대해 이야기를 나누면 좋겠습니다. 부부가 성관계를 가질 수 없는 상황이라면 어떻게 해야 할까요? 임신 중이거나, 월경 중이거나, 성관계를 갖기 불편한 상황일 때 부부가 사랑을 나누기 원한다면—성관계를 남성만 원하는 것으로 여겨서는 곤란합니다. 여성도 원한다는 것을 명심해야 합니다—어떻게 해야 할까요?

결혼예비학교를 진행하면서 이 질문을 하면 대부분의 예비부부는 멋쩍은 표정을 지으며 "참아야죠"라고 대답합니다. 여러분은 어떠세요? 기간이 길어지면 인내의 열매가 쓰기만 할텐데 말이지요.

언어적 표현: 19금과 애정 표현

목사가 이런 말을 하는 것이 이상하게 들릴 수도 있고, 얼굴이 붉어질 수도 있습니다. 그러나 저는 가정 사역자의 관점뿐만 아니라, 건강한 부부간 성관계의 관점에서 말하려고 합니다.

19금 영화는 19세 미만은 보면 안 되는 영화를 말합니다.

부부는 19금이 아니라 더한 영화를 찍어도 괜찮습니다. 부부는 성적 대화를 할 수 있고, 쑥스러운 성관계 체위를 해도 괜찮습니다.

남편과 아내 중 누구라도 다양한 체위로 성관계를 가지고 싶다고 말해도 괜찮습니다. 특히 아내가 말해도 좋습니다. 성관계에서 남성 우위는 없습니다. 사랑하는 사람끼리 하는 자연스러운 행동입니다. 정말 사랑하는 사람과 하기 때문에 즐겁게 하고 싶은 것이지요.

단, 야한 영화(포르노 포함)를 보면서 하는 것은 잘못입니다. 그 순간 성관계는 쾌락 그 자체가 되고 맙니다. 또한 당신 부부가 영상에 나오는 남자와 여자가 결코 될 수 없는 것도 사실입니다. 다른 사람을 상상하면서 성관계를 가지는 것은 배우자에 대한 예의도, 배려도, 사랑도 아닙니다. 단지 쾌락의 대상으로 생각하는 것입니다. 그것은 배우자에게 상처가 될 뿐 아니라 잘못된 태도입니다. 무엇보다 죄입니다.

일상생활에서 배우자에게 문자를 보내거나 전화 통화를 하면서 '지금 당신을 생각하고 있다'는 것을 알리세요. 부부는 성적 대화를 해도 좋습니다. 부부니까, 사랑하는 사이니까 가능한 대화인 것이지요. 그리고 진심으로 사랑한다고 자주 표현해 보세요. "당신이 있어서 너무 든든해요", "당신은 우주에서 가장 아름다워", "매일매일 당신의 멋짐이 갱신되

네요"라고 고백해 보세요.

사랑하는 사람에게 소중한 존재이고, 보고 싶은 사람이며, 사랑받는다는 것을 알게 되면 부부의 성관계에 긍정적인 영향을 끼칩니다. 성격상 부끄러워서 표현을 못하는 사람도 있을 것입니다. 저는 이렇게 말하고 싶습니다. 사랑은 감정과 느낌이 아니라 의지입니다. 그리고 사랑이 당신의 원래 성격을 못 고친다면 진정한 사랑이 아닐 수도 있습니다.

제가 아는 한 남자는 부산에서 자랐습니다. 경상도 사나이입니다. 그가 사랑하는 여인에게 편지를 썼습니다. 편지의 제목은 이렇습니다. '나는 불치병 환자이고 싶습니다.' 제목만 봐도 그 내용을 알 것 같습니다. 물론 그 불치병은 치유가 되었는지 궁금하기도 합니다. 이처럼 사랑은 표현해야 합니다. 그래야 상대방이 알 수 있습니다. 표현은 성격의 문제나 감정의 문제가 아니라, 사랑의 문제입니다.

비언어적 표현: 스킨십과 전희

스킨십은 부부의 친밀감을 높이는 특효약입니다. 사랑한다는 말을 하기 힘들어하는 사람이라도 스킨십은 쉽게 하는 것을 보았습니다. 임신 중에도, 월경 중에도, 나이든 노부부도 스킨십은 할 수 있습니다. 산책할 때 사랑하는 사람의 손을 잡아 보세요. 운전할 때 서로의 손을 쓰다듬어 보세요. 때로는 서로의 허벅지를 쓰다듬어 주세요. 자주 입맞춤을 하고 서로의 머리카락을 만져 보세요. 성관계에 준하는 설레임을 느낄 수 있습니다.

가족 치료의 어머니로 불리는 버지니아 사티어는 포옹의 중요성을 강조합니다. "살아남기 위해서는 하루에 네 번의 포옹이 필요하고, 계속 살아가기 위해서는 하루에 여덟 번의 포옹이 필요하며, 성장하기 위해서는 열두 번의 포옹이 필요하다."

포옹은 '허그 테라피'라고 불릴 만큼 사랑을 전하고 생명을 살리는 엄청난 힘을 가지고 있습니다. 포옹은 신체로 표현할 수 있는 지상에서 가상 따뜻한 언어입니다. 부부가 시시때때로 포옹하세요. 사티어가 말한 것처럼 하루에 최소 네 번에서 최대 열두 번까지 포옹하세요. 볼 때마다 포옹하는 것이지요. 서로의 가슴(심장)을 맞대고 30초 이상 느낄 때까지 포옹하세요. 아무 말도 하지 말고 따뜻하게 안아 주세요. 심장의 소리를 듣는다는 자세로 말입니다. 너무 쑥스러우면 백허그를 해보세요.

매일 스킨십을 하는 부부라면 매일 전희(前戲)를 한 셈입니다. 부부가 성관계를 가질 때, 전희를 10분도 하지 않는 경우가 많다는 통계가 있는데, 매일 스킨십을 하는 부부는 매일 전희를 한 것이니 성관계가 즐겁지 않을 수 없습니다. 사랑하는 사람과 성관계를 가지면 충족감과 만족감, 친밀감을 경험하게 됩니다.

반면에 일주일에 한 번꼴로 성관계를 가지는 부부가 있다고 합시다. 이 부부는 아침에 일어나면 출근 준비로 정신이 없어 서로 눈도 마주치지 않고 출근합니다. 퇴근 후 집에 와서는 말 한마디 하지 않다가 성관계를 맺는 날짜이거나 때로는 서로의 욕구를 참지 못해서 성관계를 가진다고 합시다. 이 부부가 아무리 자주 성관계를 가진다고 해도 건강한 관계라고 할 수 있을까요? 그 시간이 기대되고 즐거울까요?

어떤 사람들은 성관계는 횟수가 중요하다고 말합니다. 만약, 횟수가 중요하다면, 건강한 성관계를 위해 야한 속옷이나 성관계 기술과 의무를 강조하게 됩니다. 또한 성관계를 가지지 않으면 이상하고 건강하지 않은 부부로 단정해야 합니다.

또 어떤 사람들은 신체적으로 통하는 것이 중요하다고 말합니다. 극단적인 예를 들면, 성폭행을 당해도 우연히 신체적으로 통하면 좋을까요? 성폭행을 당해도 좋다는 말은 거짓입니다. 배우자에게 성관계의 즐거움을 느끼지 못해서 다른 사람을 찾는다면 어떨까요? 가령 찾는다고 해도 상대방도 나를 좋아해야 가능한 이야기입니다. 탈출구를 외부에서 찾는 것은 성관계를 단지 쾌락으로 이해하는 사고입니다.

사랑하는 사람에게 평소에 스킨십과 포옹으로 대화를 해 보세요. 가장 따뜻하고 친밀감을 주는 이 사랑의 메시지를 듣고 배우자가 감동하여 더 멋지고 더 예뻐질 거예요.

전희에 대해 좀 더 이야기해 보겠습니다. 부부가 여러 이유로 성관계를 가지지 못할 때, 전희를 통해 깊은 사랑의 대화를 하고 친밀감을 누릴 수 있습니다. 전희는 성관계 이전의 애무를 뜻합니다.

한 부부가 상담하러 와서 이렇게 말했습니다. "성관계를 열심히 하는데도 한 번도 좋았던 적이 없습니다." 어떤 부부는 이제는 성관계를 하지 않는다고 말했습니다. 또 다른 부부는 "포기하고 그냥 한다"고 말했습니다. 유대인 속담에 이런 말이 있습니다. "30분간 애무(전희)하지 않으면 강간이다." 남녀 차이가 있기 때문에 사랑을 나눌 때 전희를 하는 것은 하나의 지혜입니다.

여기서 한 단계 더 나아가, 부부가 성에 대해 터놓고 이야기할 수 있어야 합니다. 사실 부부라도 성에 대해 이야기하는 것이 어색하고 부끄럽고 하기 싫을 수 있습니다. 또한 남녀가 서로 성에 대해 솔직하게 이야기하는 모습을 거의 보지 못하면서 자랐고, 그런 문화에서 살았기 때문에 당연하기도 합니다.

부부가 열심히 전희를 하고 사랑을 나누지만 서로의 성

감대를 모를 수 있습니다. 그래서 저는 용기를 가지라고 말하고 싶습니다. 벌거벗었으나 부끄러워하지 않는 부부의 사랑을 누리기 바랍니다. "여기를 이렇게 만져 줄 때 난 좋고 느끼는 것 같아", "이럴 때 내가 당신을 더 느낄 수 있는 것 같아", "나에게 이렇게 해주면 안 될까?"

사실 저도 쑥스럽습니다. 이런 말을 하는 것이 쉽지 않습니다. 그러나 다른 사람이 아니라 내가 사랑하는 사람, 나와 한 몸을 이루는 사람, 서로 벌거벗을 수 있는 사람과 성관계를 가질 수 없는 상황에서도 사랑의 대화를 하는 부부라면, 어느 순간 서로의 사랑과 수고를 통해 친밀감과 즐거움을 누리게 될 것입니다.

결혼예비학교 5주차: 나눔을 위한 질문

1. 하나님이 성을 주신 이유는 무엇일까요?

2. 부부간의 성관계를 어떻게 하는 것이 건강할까요?

3. 성관계의 세 가지 요소는 '벌거벗음', '한 몸', '마침표'입니다 (139-152쪽 참조). 이 세 가지 요소를 설명해 보세요. 가장 마음에 와 닿는 요소는 무엇이고, 그 이유는 무엇인가요?

4. 남녀 차이가 성관계에도 영향을 미칩니다. 미국 드라마 이야기 (156-157쪽)를 읽어 보세요. 서로가 남녀 주인공이 되어서 각자의 감정과 생각을 나누어 보세요.

5. '섹스리스 부부 이야기'와 '소셜 네트워크의 폐해'(160-164쪽 참조)를 읽어 보세요. 부부의 일상생활 원칙을 두세 가지 만들어 보세요.

6. '즐거운 성관계: Making Love'를 위한 두 가지 제안(165-172쪽 참조)을 읽어 보세요. 부부의 즐거운 성관계를 위한 약속을 두세 가지 만들어 보세요.

5. 성관계, 야한 건가요?

부록

결혼 예배 준비하기

결혼 예배 전 준비

결혼 예배 전, 저는 예비부부에게 두 가지를 약속하게 합니다. 하나는 결혼예비학교를 4-5주 동안 해야 한다는 것이고, 다른 하나는 결혼 예배 때 중보기도하는 시간을 가져야 한다는 약속입니다. 결혼 예배 전의 스케줄은 다음과 같습니다.

- 5주 전: 첫 미팅, '아름다운 동행' 작성하기

- 4주 전: 결혼예비학교 2주차, "그리스도인의 결혼, 무엇이 다를까요?"
  독서 숙제: 『나는 너와 결혼하였다』

- 3주 전: 결혼예비학교 3주차, "갈등, 어떻게 해결해야 할까요?"
  결혼 예배 순서, 축가, 서약서 작성 소개
  독서 숙제: 『5가지 사랑의 언어』 개정판

- 2주 전: 결혼예비학교 4주차, "비자금, 가져도 될까요?"
  결혼 예배 순서 확정하기
  생활 숙제 : 1) 배우자의 사랑의 탱크 채워 주기
  　　　　　 2) 가정 기도제목 3-5가지 작성하기

- 1주 전: 결혼예비학교 5주차, "성관계, 야한 건가요?"

  서로를 위한 중보기도, 결혼 예배 리허설

결혼 예배 순서

1. 장로교 예전서 참고

2. 결혼 예배 제안

1) 서약서: 개인이 작성하게 합니다.

2) 중보기도: 결혼 순서지에 실린 기도제목으로 신랑 신부, 회중이 함께 기도하는 시간을 가집니다.

3) 축복송: 축가를 마친 뒤, 신랑 신부와 회중이 함께 축복합니다.

예) 당신은 사랑받기 위해 태어난 사람(앞 소절만)

* 주의사항: 예식장에서 축가는 한 팀으로 조정합니다. 시간 관계상 예식장에서는 축복송이 어려울 수 있습니다.

아름다운 동행을 준비하며…   신랑/신부:

20 년   월   일

- 나의 어린 시절과 성장

- 나의 신앙 고백

- 만남 그리고 사귐

- 결혼에 대한 기대

- 주례자께 한마디

결혼 순서지 샘플

제가 인도하는 결혼 예배 형식에 맞춰 제작했습니다. 결혼식장에서 나눠 주기 때문에 일시와 장소 대신, 기도제목을 넣었습니다.

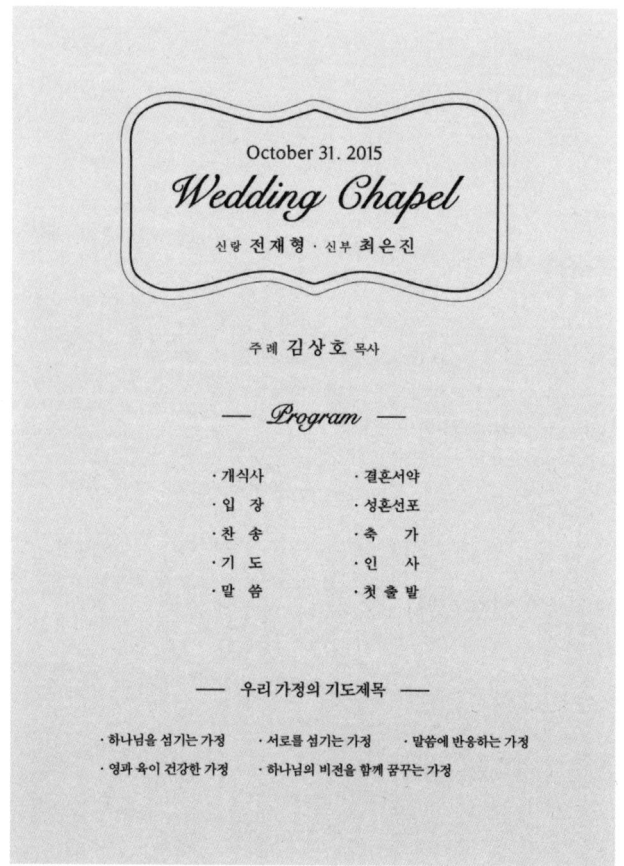

찬 송 [287장]

오늘모여	찬송함은	형제자매	즐거움
거룩하신	주뜻대로	혼인예식	합니다
신랑신부	이두사람	한몸되게	하시고
온집안이	하나되고	한뜻되게	하소서 아 멘

기 도 - 이 은 성 목사 (포항중부교회)

성경봉독 [요한복음 2:1-10]

1 사흘째 되던 날 갈릴리 가나에 혼례가 있어 예수의 어머니도 거기 계시고
2 예수와 그 제자들도 혼례에 청함을 받았더니
3 포도주가 떨어진지라 예수의 어머니가 예수에게 이르되 저들에게 포도주가 없다 하니
4 예수께서 이르시되 여자여 나와 무슨 상관이 있나이까 내 때가 아직 이르지 아니하였나이다
5 그의 어머니가 하인들에게 이르되 너희에게 무슨 말씀을 하시든지 그대로 하라 하니라
6 거기에 유대인의 정결 예식을 따라 두세 통 드는 돌항아리 여섯이 놓였는지라
7 예수께서 그들에게 이르시되 항아리에 물을 채우라 하신즉 아귀까지 채우니
8 이제는 떠서 연회장에게 갖다 주라 하시매 갖다 주었더니
9 연회장은 물로 된 포도주를 맛보고도 어디서 났는지 알지 못하되 물 떠온 하인들은 알더라 연회장이 신랑을 불러
10 말하되 사람마다 먼저 좋은 포도주를 내고 취한 후에 낮은 것을 내거늘 그대는 지금까지 좋은 포도주를 두었도다 하니라

축 가 - 분당우리교회 청년2부 (제자반)

당신은 사랑 받기위해 태어난 사람	당신의 삶속에서 그 사랑 받고 있지요
당신은 사랑 받기위해 태어난 사람	당신의 삶속에서 그 사랑 받고 있지요

서약서 샘플

- 서로에게 보내는 마음
- 배우자 부모님에게 보내는 마음

서약서는 크게 두 부분으로 나뉘는데, 편지와 서약 부분입니다. 저는 예비 신랑과 예비 신부에게 편지를 적어 오게 합니다. 이 서약서 샘플은 신랑과 신부에게 편지를 쓰게 하여 만든 것입니다. 각자의 상황에 맞게 작성하면 됩니다.

서약서

사랑하는 ○○

그대를 만나기 전에는 항상 거친 생각과 불안한 눈빛으로 방황했는데
그대를 만나 사랑에 빠지고 결혼하게 된 지금,
정말 기쁘면서 한편으로는 얼떨떨한 기분도 들어요.

발랄한 그대와 만날수록 더 잘 웃게 되었고,
그대가 멋있다고 말해 주어 더 가슴을 펴게 되었어요.
또 무엇보다 삶을 솔직하게 나눌 수 있는 내 편이 있다는 것에
몇 번이나 감사했는지 몰라요.

우리 지금까지 만나 온 시간보다 더욱 긴 앞으로의 여정길에도
지금까지 모든 것을 계획하고 인도해 주신 하나님을 신뢰하며
함께 걸어가요.

내 옆에 있어 줘서 고마워요.
언제나 한결같이 사랑할게요.

나 ○○○은 ○○○을 신부로 맞으면서
하나님께서 나와 한 몸 이루기 원하는 이가 당신임을 영원히 확신하며
주께서 교회를 사랑하시고
그를 위하여 자신을 주심같이 사랑할 것을
하나님과 여기 계신 모든 분들 앞에서 진실하게 서약합니다.

20 년 월 일
신랑 ○○○

부록. 서약서 샘플

서약서

사랑하는 ○○

우리가 만난 지 얼마 안 되어서 이렇게 결혼까지 하게 되다니
옆에 있는 오빠를 보면 우리의 만남과 결혼이 문득 신기하면서도
하나님께서 우리를 하나 되게 하심에 너무 감사드려요.

연애를 시작할 때 의심도 많고 쉽게 믿음을 갖지 못했던 나였는데
오빠가 한결같이 옆에서 따뜻하게 이야기해 주고 손잡아 줘서
점점 편안해지는 나를 발견하게 된 것 같아요.

우리가 교제한 시간보다 앞으로 걸어가야 하는 긴 여정의 걸음마다
하나님의 도우심을 구하면서 서로 신뢰하고 격려하며 걸어가요.
내 옆에 있어 줘서 고맙고, 마음을 다해 사랑합니다.

나 ○○○은 ○○○을 신랑으로 맞으면서
하나님께서 나와 한 몸 이루기 원하는 이가 당신임을 영원히 확신하며
교회가 주를 사랑하고 복종함같이
당신을 사랑하고 순종하며 귀히 여기고
어떠한 상황과 환경 속에서도
온 누리에서 가장 존경스러운 이로 삼겠다고
하나님과 여기 계신 모든 분들 앞에서 진실하게 서약합니다.

20 년 월 일
신부 ○○○

서약서

어머님, 오늘부터 사위라는 이름으로 한 가족이 된 ○○○입니다.
처음에 ○○가 교제하는 사람이 있다고 했을 때 많이 놀라셨죠?
어머님을 찾아뵙고 인사드린 게 엊그제 같은데
이렇게 결혼 예배를 드리게 되었네요.

부족한 부분이 많은 사람임에도 불구하고 저를 있는 그대로 봐 주시고
믿음의 사람이라는 이유 하나로 사랑하고 기도해 주셔서
제 마음이 얼마나 따뜻하고 하나님께 감사한지 모르겠습니다.
앞으로도 더욱 예뻐해 주세요.

하나님 보시기에 기쁘고,
어머님 보시기에 아름다운 가정이 되도록 애쓰겠습니다.
그리고 새로운 식구가 된 어머님과 처남 태림이를 위해
더욱 기도하겠습니다.

많이 부족하고 약한 저에게 귀한 ○○를 허락해 주셔서 감사합니다.
지금까지 부족한 모습을 채워 나가며 지내왔던 것처럼
앞으로도 함께 걸어가며 진심으로 사랑하며
또 이렇게 받은 사랑을 나누며 행복하게 살아가겠습니다.

나 ○○○는 ○○○을 신부로 맞으면서
하나님께서 나와 한 몸 이루기 원하는 이가 당신임을 영원히 확신하며
주께서 교회를 사랑하시고 그를 위하여 자신을 주심같이 사랑할 것을
하나님과 여기 계신 모든 분들 앞에서 진실하게 서약합니다.

20 년 월 일
신랑 ○○○

부록. 서약서 샘플

서약서

아버님, 어머님 안녕하세요. 며느리 ○○예요.
아버님과 어머님 만난 날,
아버님이 해주신 기도에 눈물이 났던 기억이 납니다.
식사하는 내내 계속 울컥하는 저 자신에 당황했지만,
이 은혜에 감사한 마음이었습니다.
조용히 식사를 마치고 어머님과 한 대화에서도
진심이 느껴져 감동했습니다.

이후에도 한결같이 따뜻하게 대해 주시는 두 분으로 인해
새로운 출발을 준비하는 모든 과정을 용기 있게 해낼 수 있었습니다.
귀하게 키우신 ○○오빠를 돕는 배필로
하나님의 말씀 안에서 섬기면서 살아가겠습니다.
두 분 항상 건강하시고 저희 곁에서
저희가 아름답게 가정을 이루어 가는 것 지켜봐 주세요.

그리고 형님, 시아주버님, 철없는 막내 같은 올케,
부족한데도 예쁘게 봐 주셔서 감사합니다. 사랑합니다.

나 ○○○는 ○○○을 신랑으로 맞으면서
하나님께서 나와 한 몸 이루기 원하는 이가 당신임을 영원히 확신하며
교회가 주를 사랑하고 복종함같이
당신을 사랑하고 순종하며 귀히 여기고
어떠한 상황과 환경 속에서도 온 누리에서 가장 존경스러운 이로 삼겠다고
하나님과 여기 계신 모든 분들 앞에서 진실하게 서약합니다.

20 년 월 일
신부 ○○○

나랑 결혼해 줄래?

오늘보다 내일이 더 아름다운 가정 (요 2:1-10)

오늘 모인 결혼식에는 기쁨과 즐거움이 있습니다. 맛난 음식과 좋은 만남이 있고, 눈물과 슬픔, 모자람과 부족함은 찾아볼 수 없습니다. 본문 말씀에도 즐거운 결혼식이 진행되고 있습니다. 차이가 있다면, 가나 혼인잔치에는 모자람과 부족함이 있다는 것입니다. "포도주가 떨어진지라"(3절).

예수님 시대에 포도주는 사이다나 콜라 같은 음료가 아니었습니다. 음용수를 대신해서 마셨습니다. 포도주는 결혼식에 반드시 있어야 할 음식이었습니다. 그런데 반드시 있어야 할 것이 떨어지고 부족하여 모자란 상태입니다. 이 모습은 앞으로 가정을 이룰 두 사람이나 우리 인생과 공통점이 있습니다. 반드시 있어야 할 것이 모자라고 부족할 때 우리는 어떻게 해야 할까요?

첫째, 예수님께 가져 가세요(3절).

갈등이 일어나고, 부족하고 모자람이 있을 때마다, 두 사람을 짝지어 주고 결혼을 제정하신 주님께 가져 가세요. 결혼과 우리를 가장 잘 아시는 분은 예수님이십니다.

둘째, 말씀을 끝까지 순종하세요(9절).

물 떠온 하인들만 물이 변하여 포도주가 되는 기적의 근거와 이유를 알았습니다. 그들은 예수님의 말씀에 끝까지 순종했습니다. 쉽지 않겠지만, 결혼예비학교에서 배운 그림을 기억하면서 예수님을 향해 계속 나아가는 두 사람이 되기 바랍니다.

셋째, 오늘보다 내일이 더 아름다운 가정을 기대하세요(10절).

예수님은 더 좋은 포도주를 주십니다. 이 일 이후로 요한복음의 표적 사건은 계속 일어납니다. 두 사람이 앞으로 이룰 가정에도 이런 일이 일어나기를 기도하고 기대합니다.

신혼여행은 대체로 토요일에 결혼식을 하고 저녁에 출발하거나, 주일(일요일)에 출발합니다.

- 주일 요 2:1-10 / 결혼 예배, 오늘보다 내일이 아름다운 가정
- 월 창 2:18-23 / 서약서, 언약 재점검
- 화 잠 10:4-5 / 비자금, 가져도 될까요?
- 수 잠 15:1-2 / 갈등, 어떻게 해결해야 할까요?
- 목 창 2:24-25 / 성관계, 야한 건가요?
- 금 고전 13:3-7 / 사랑, 먼저 사랑하기
- 토 엡 5:28-33 / 결혼의 비밀, 그리스도와 교회

주일(1일차) • 요 2:1-10

오늘보다 내일이 아름다운 가정

[1]사흘째 되던 날 갈릴리 가나에 혼례가 있어 예수의 어머니도 거기 계시고 [2]예수와 그 제자들도 혼례에 청함을 받았더니 [3]포도주가 떨어진지라. 예수의 어머니가 예수에게 이르되 저들에게 포도주가 없다 하니 [4]예수께서 이르시되 여자여 나와 무슨 상관이 있나이까? 내 때가 아직 이르지 아니하였나이다. [5]그의 어머니가 하인들에게 이르되 너희에게 무슨 말씀을 하시든지 그대로 하라 하니라. [6]거기에 유대인의 정결 예식을 따라 두세 통 드는 돌항아리 여섯이 놓였는지라. [7]예수께서 그들에게 이르시되 항아리에 물을 채우라 하신즉 아귀까지 채우니 [8]이제는 떠서 연회장에게 갖다 주라 하시매 갖다 주었더니 [9]연회장은 물로 된 포도주를 맛보고도 어디서 났는지 알지 못하되 물 떠온 하인들은 알더라. 연회장이 신랑을 불러 [10]말하되 사람마다 먼저 좋은 포도주를 내고 취한 후에 낮은 것을 내거늘 그대는 지금까지 좋은 포도주를 두었도다 하니라.

감사 나누기

결혼 예배에서 기억에 남는 감사가 있다면 서로 나누어 보세요

나랑 결혼해 줄래?

말씀 묵상

1. 부부에게 '떨어지거나 모자란 것'(3절, 포도주가 떨어진지라)이 아니길 바라는 것을 나누어 보세요.

2. 마리아와 물 떠온 하인들에게 배울 수 있는 점은 무엇인지 나누어 보세요.

3. 예수님은 어떤 분이신지 한 문장으로 표현해 보세요.

삶에 적용하기

묵상한 내용과 나눈 내용으로 한 문장씩 기도문을 작성하고, 함께 기도하세요.

월(2일차 • 창 2:18-23)

서약서, 언약 재점검

> ¹⁸여호와 하나님이 이르시되 사람이 혼자 사는 것이 좋지 아니하니 내가 그를 위하여 돕는 배필을 지으리라 하시니라. ¹⁹여호와 하나님이 흙으로 각종 들짐승과 공중의 각종 새를 지으시고 아담이 무엇이라고 부르나 보시려고 그것들을 그에게로 이끌어 가시니 아담이 각 생물을 부르는 것이 곧 그 이름이 되었더라. ²⁰아담이 모든 가축과 공중의 새와 들의 모든 짐승에게 이름을 주니라. 아담이 돕는 배필이 없으므로 ²¹여호와 하나님이 아담을 깊이 잠들게 하시니 잠들매 그가 그 갈빗대 하나를 취하고 살로 대신 채우시고 ²²여호와 하나님이 아담에게서 취하신 그 갈빗대로 여자를 만드시고 그를 아담에게로 이끌어 오시니 ²³아담이 이르되 이는 내 뼈 중의 뼈요. 살 중의 살이라. 이것을 남자에게서 취하였은즉 여자라 부르리라 하니라.

감사 나누기

서약서를 듣고 어떤 기분이 들었나요? 다시 한번 서로에게 서약서를 읽어 주세요.

말씀 묵상

1. 하나님은 사람이 혼자 사는 것을 좋지 않게 여기시고 돕는 배

나랑 결혼해 줄래?

필을 주셨습니다. 돕는 배필은 어떤 사람일까요? 함께 나누어 보세요.

2. "내 뼈 중에 뼈요 살 중의 살이라"는 고백은 아담이 하와에게 프로포즈한 것처럼 들립니다. 서약서의 내용으로 서로 사랑을 고백해 보세요.

3. 두 사람을 만나게 하시고 결혼을 제정하신 하나님은 어떤 분이신지 나누어 보세요.

삶에 적용하기

묵상한 내용과 나눈 내용으로 한 문장씩 기도문을 작성하고, 함께 기도하세요.

화(3일차 • 잠 10:4-5)

비자금, 가져도 될까요?

> ⁴손을 게으르게 놀리는 자는 가난하게 되고 손이 부지런한 자는 부하게 되느니라. ⁵여름에 거두는 자는 지혜로운 아들이나 추수 때에 자는 자는 부끄러움을 끼치는 아들이니라.

감사 나누기

신혼여행에서 구입할 선물 지출 계획을 함께 작성해 보세요.

말씀 묵상

1. 회사 스케줄을 나누어 보세요.

2. 앞으로의 경제 계획을 수입과 지출을 중심으로 나누어 보세요.

3. 돈을 사용함에 있어서 하나님, 이웃, 가족, 자신의 4원칙을 세우고 계획을 작성해 보세요.

삶에 적용하기

묵상한 내용과 나눈 내용으로 한 문장씩 기도문을 작성하고, 함께 기도하세요.

수(4일차 • 잠 15:1-2)

갈등, 어떻게 해결해야 할까요?

> ¹유순한 대답은 분노를 쉬게 하여도 과격한 말은 노를 격동하느니라. ²지혜 있는 자의 혀는 지식을 선히 베풀고 미련한 자의 입은 미련한 것을 쏟느니라.

감사 나누기

5가지 사랑의 언어를 살펴보면서 배우자의 사랑의 언어를 다시 한번 확인하세요.

말씀 묵상

1. 어떤 말이나 단어에 분노가 일어나는지 나누어 보세요.

2. 감정이 격양될 때, 하프타임을 갖기로 하고 원칙을 정하세요.

3. 결혼 준비 기간과 신혼여행 동안 감사한 일을 표현해 보세요.

삶에 적용하기

묵상한 내용과 나눈 내용으로 한 문장씩 기도문을 작성하고, 함께 기도하세요.

목(5일차 • 창 2:24-25)

성관계, 야한 건가요?

> ²⁴이러므로 남자가 부모를 떠나 그의 아내와 합하여 둘이 한 몸을 이룰지로다. ²⁵아담과 그의 아내 두 사람이 벌거벗었으나 부끄러워하지 아니하니라.

감사 나누기

함께한 성관계를 통해 감사를 표현해 보세요.

말씀 묵상

1. '벌거벗음'에 대해 서로의 생각을 나누어 보세요.

2. '한 몸'에 대해 서로의 생각을 나누어 보세요.

3. 즐거운 성관계를 위해 서로의 약속을 정해 보세요.

삶에 적용하기

묵상한 내용과 나눈 내용으로 한 문장씩 기도문을 작성하고, 함께 기도하세요.

금(6일차 • 고전 13:3-7)

사랑, 먼저 사랑하기

> ³내가 내게 있는 모든 것으로 구제하고 또 내 몸을 불사르게 내줄지라도 사랑이 없으면 내게 아무 유익이 없느니라. ⁴사랑은 오래 참고 사랑은 온유하며 시기하지 아니하며 사랑은 자랑하지 아니하며 교만하지 아니하며 ⁵무례히 행하지 아니하며 자기의 유익을 구하지 아니하며 성내지 아니하며 악한 것을 생각하지 아니하며 ⁶불의를 기뻐하지 아니하며 진리와 함께 기뻐하고 ⁷모든 것을 참으며 모든 것을 믿으며 모든 것을 바라며 모든 것을 견디느니라.

감사 나누기

가장 소중한 것을 주신 하나님께 사랑받는 존재라는 사실에 감사를 표현해 보세요.

말씀 묵상

1. 사랑의 특징 중 가장 어렵게 느껴지는 것은 무엇인지 나누어 보세요.

2. 배우자가 보여 주기를 바라는 사랑의 특징은 무엇인지 나누어 보세요.

3. 배우자에게 사랑의 마음을 담아 고린도전서 13장 3-7절을 읽어 주세요.

삶에 적용하기

묵상한 내용과 나눈 내용으로 한 문장씩 기도문을 작성하고, 함께 기도하세요.

토(7일차 • 엡 5:28-33)

결혼의 비밀, 그리스도와 교회

²⁸이와 같이 남편들도 자기 아내 사랑하기를 자기 자신과 같이 할지니 자기 아내를 사랑하는 자는 자기를 사랑하는 것이라. ²⁹누구든지 언제나 자기 육체를 미워하지 않고 오직 양육하여 보호하기를 그리스도께서 교회에게 함과 같이 하나니 ³⁰우리는 그 몸의 지체임이라. ³¹그러므로 사람이 부모를 떠나 그의 아내와 합하여 그 둘이 한 육체가 될지니 ³²이 비밀이 크도다. 나는 그리스도와 교회에 대하여 말하노라. ³³그러나 너희도 각각 자기의 아내 사랑하기를 자신같이 하고 아내도 자기 남편을 존경하라.

감사 나누기

신혼여행 동안 감사했던 내용을 세 가지씩 나누어 보세요.

말씀 묵상

1. 남편과 아내의 사랑이 그리스도와 교회에 대해 말하는 것을 이해한 대로 나누어 보세요.

2. 결혼의 비밀은 그리스도께서 교회를 사랑하는 일에서 나타납니다. 부부가 어떻게 사랑해야 할지 나누어 보세요.

3. 작성한 기도 제목을 다듬고 다시금 되새겨 보세요.

삶에 적용하기

묵상한 내용과 나눈 내용으로 한 문장씩 기도문을 작성하고, 함께 기도하세요.

주

1. 이 사람과 결혼해도 될까요?

1. 일요신문 2018년 12월 19일자, http://www.ilyoseoul.co.kr/news/articleView.html?idxno=275177
2. 절대시간은 다른 일정보다 가장 우선이 되는 가정의 시간을 의미합니다. 예를 들면, 휴대폰을 꺼두거나, 일에서 벗어나 가족과 함께하는 시간입니다. 물론 하루 온종일 시간을 내면 좋겠지만, 시간대별로 두세 시간도 가능합니다.

2. 그리스도인의 결혼, 무엇이 다를까요?

1. 존 파이퍼, 『존 파이퍼가 결혼을 앞둔 당신에게』, 생명의말씀사, 14.
2. 월터 트로비쉬, 『나는 너와 결혼하였다』, 생명의말씀사, 33.
3. 같은 책, 35.
4. 정성욱, 『삶 속에서 적용하는 Life 삼위일체 신학』, 홍성사, 121.
5. 마이크 메이슨, 『결혼의 신비』, 두란노, 233.
6. 래리 크랩, 『에덴남녀』, 복있는사람, 20.

7. 마크드리스콜, 그레이스 드리스콜, 『결혼은 현실이다』, 두란노, 73.

8. 팀 켈러, 『팀 켈러, 결혼을 말하다』, 두란노, 74.

9. 같은 책, 75.

10. 노먼 라이트, 『사랑의 열쇠』, 사랑플러스, 35.

3. 갈등, 어떻게 해결해야 할까요?

1. 김용택, 『뭘 써요, 뭘 쓰라고요?』, 한솔수북, 87.

2. 같은 책, 86.

3. 데이비드 올슨, 에이미 올슨 시그, 피터 라슨 공저, 『커플 체크업』, 학지사, 94.

4. 같은 책, 96.

5. 엄정희, 『17일간의 부부항해 내비게이터』, 코리아닷컴, 110.

6. 밥 버포드, 『하프타임』, 국제제자훈련원, 16.

7. 같은 책, 17.

8. 홍경자, 『대인관계의 심리학』, 이너북스, 128-129.

9. 김수환, 『바보가 바보들에게』, 산호와진주, 57.

10. 김성묵, 『그 남자가 원하는 여자 그 여자가 원하는 남자』, 김영사, 184-185.

11. 게리 채프먼, 『5가지 사랑의 언어』, 생명의말씀사, 22.

12. 같은 책, 30.

13. 같은 책, 41-42.

14. 같은 책, 231-249.

15. 데이비드 올슨, 에이미 올슨 시그, 피터 라슨 공저, 『커플 체크업』, 학지사, 80.

16. 노먼 라이트, 『사랑의 열쇠』, 사랑플러스, 34.

4. 비자금, 가져도 될까요?

1. 존 파이퍼, 『돈 섹스 그리고 권력』, 생명의말씀사, 17-18.

2. 데이비드 올슨, 에이미 올슨 시그, 피터 라슨 공저, 『커플 체크업』, 학지사, 136.

3. 김형익, 『은혜와 돈』, 복있는사람, 11.

4. 리처드 포스터, 『돈 섹스 권력』, 두란노, 32.

5. 김형익, 『은혜와 돈』, 복있는사람, 15-17.

6. 폴 트립, 『돈과 영성』, 두란노, 104.

7. 래리 버켓, 『돈 걱정 없는 가정』, CUP, 131-153.

8. 캐니 잭슨, 『연애하기 전, 결혼공부』, 예수전도단, 167-168.

9. 폴 트립, 『돈과 영성』, 두란노, 78-82.

5. 성관계, 야한 건가요?

1. 폴 스티븐스, 『폴 스티븐스의 결혼 이야기』, 복있는사람, 140.

2. 같은 책, 141.

3. 조선일보(http://news.chosun.com/site/data/html_dir/2012/09/13/2012091300066.html)

4. 기동연, 『창조부터 바벨까지: 창세기 1-11장 주석』, 생명의양식, 114.

5. 마이크 메이슨, 『결혼의 신비』, 두란노, 146.

6. 기동연, 『창조부터 바벨까지: 창세기 1-11장 주석』, 생명의양식, 114.

7. 같은 책, 149.

8. 같은 책, 113.

9. 월터 트로비쉬, 『나는 너와 결혼하였다』, 생명의말씀사, 36-37.

10. 스코트 커비, 『그리스도인의 데이트』, 생명의말씀사, 19.

11. 시사저널(https://www.sisapress.com/news/articleView.html?idxno=79999).

12. 월터 트로비쉬, 『나는 너와 결혼하였다』, 생명의말씀사, 41.

13. 같은 책, 41-42.

14. 폴 스티븐스, 『폴 스티븐스의 결혼 이야기』, 복있는사람, 157.

15. C. S. 루이스, 『스크루테이프의 편지』, 홍성사, 107.

16. 데이비드 올슨, 에이미 올슨 시그, 피터 라슨 공저, 『커플 체크업』, 학지사, 157.

17. 중앙일보(https://news.joins.com/article/22672927)

18. 노먼 라이트, 『사랑의 열쇠』, 사랑플러스, 111-113.